SNA 연기스피치 시리즈

SPEECH

6

PPT 기획부터 발표까지 감동적인 PT를 위한 실전훈련

실전 프레젠테이션

김규현 지음

연기스피치 I 저자 직강 및 동영상 강의

www.esna.co.kr

교우사

KYOWOOSA

SNA 연기스피치 시리즈 · 6

실전 프레젠테이션

PPT 기획부터 발표까지 감동적인 PT를 위한 실전훈련

초판 인쇄 | 2015년 6월 20일
초판 발행 | 2015년 6월 25일

지은이 | 김규현
펴낸이 | 오판근
펴낸곳 | 교우사

주소 | 서울특별시 동대문구 약령시로 8 교우빌딩 2층
전화 | 925-2861(대표), 925-2825(편집부), 969-5762(홈쇼핑)
팩스 | 925-2860
이메일 | kyowoo@kyowoo.co.kr
홈페이지 | http://www.kyowoo.co.kr
북스토어(쇼핑몰) | http://www.kyowoo.co.kr
등록번호 | 1994년 3월 24일 제6-0256호

ISBN 979-11-251-0107-9 (04080)
979-11-251-0101-7 (set)

값 **17,000**원

시작하며 |

프레젠테이션은 기획 단계부터 발표 단계까지 전략적 퍼포먼스이다.

왜 프레젠테이션을 잘해야 하는가?

학교에서 직장에서 우리는 수없이 프레젠테이션을 한다.

그만큼 프레젠테이션은 이제 일상이 되어간다.

그런데 많은 사람이 프레젠테이션하면 떠오르는 것이 두려움과 불안이다.

왜일까? 그것은 프레젠테이션이 많이 보편화하였지만 어려운 것으로 인식되기 때문이다.

그리고 프레젠테이션이 어려운 이유는 이야기의 구성과 더불어 디자인 그리고 발표까지의 모든 과정을 생각하고 고민해야 하기 때문이다.

하지만 이러한 것을 하나의 일련의 과정이라고 생각하고 그 안에서의 하나의 연결점을 찾는다면 프레젠테이션은 결코 어려운 것만의 일은 아니다.

프레젠테이션은 하얀 도화지에 내가 그리고 싶은 것을 그려서 청중들에게 핵심을 효과적으로 전달하는 것이다. 그리고 도화지에 어떤 그림을 그리고 그것을 어떻게 설명하느냐에 따라 청중들이 동요가 되고 동화가 된다는 사실은 흥미를 넘어 감동적이기까지 하다.

그렇다면 어떻게 하면 청중의 마음을 사로잡을 수 있을까?

누군가의 마음을 사로잡는 것은 쉽지 않다. 왜냐하면, 상대방의 방어벽을 무너뜨리면서 그 사람의 생각과 마음을 침투해야 하기 때문이다. 청중을 사로잡는다는 것은 논리적인 말과 인상적인 PPT로써 이성을 집중시키는 것과 동시에 비언어적인 화법과 제스처로써 청중의 감성을 매료시키는 것이다.

예전에는 프레젠테이션이라고 하면 PPT를 기반으로 설명하는 것을 기본으로 생각했지만, 스티브 잡스의 등장 이후 프레젠테이션은 단순한 발표가 아닌 이제 퍼포먼스의 영역으로까지 여겨지고 있다.

이제는 평면적 프레젠테이션이 아닌 홀로그램 같은 입체적 프레젠테이션, 예술적 프레젠테이션을 생각할 때이다.

이 책은 프레젠테이션을 잘할 수 있는 방법과 기술을 제시해준다.

스토리텔링, 디자인, 발표의 단락을 통해 프레젠테이션에 대한 두려움을 없애고 프레젠테이션을 지배할 수 있는 실질적인 방법을 알려준다.

또한, 청중을 사로잡을 수 있는 매력적이고 감동적인 실전 프레젠테이션 방법을 통해 직접 현장에서 활용할 수 있도록 해준다.

책을 다 읽고 난 후 PPT를 만드는 것이 행복한 일이고 프레젠테이션을 하는 것이 즐거워졌으면 하는 바람이다.

2015년 봄

김규현

차례

시작하며 | 프레젠테이션은 기획 단계부터 발표 단계까지 전략적 퍼포먼스이다. 3

Part 1. 프레젠테이션을 잘하려면?

01 프레젠테이션이란? 9
02 프레젠테이션은 퍼포먼스다 12
03 프레젠테이션의 종류 14
04 이야기는 전략이다 16
05 홍미를 유발하라 19
06 청중 분석의 중요성 22
07 매력적인 표현 24
08 기획부터 발표까지 28

Part 2. PPT 구성

01 핵심키워드 35
02 PPT 스토리텔링 방법 44
03 PPT 유의할 점 57
04 다양한 PPT 스토리텔링 60

Part 3. PPT 디자인

01 PPT 디자인의 원리 69
02 내용분할의 원리 72
03 색상이 말을 하다 88
04 구도와 조화 97
05 슬라이드 강조법 103
06 도표와 다이어그램의 활용 108
07 애니메이션 효과 118
08 효과적인 슬라이드 이미지 122
09 다양한 디자인 130
10 실전 디자인 147

Part 4. 프레젠테이션 발표

01 발표자가 대통령 157
02 신뢰를 주는 소리와 표정 160
03 청중을 집중시키는 시선 163
04 매력적 화법 166
05 예술적 제스처 172
06 인상적인 오프닝과 클로징 176
07 다양한 프레젠테이션 방법 179
08 감동적인 프레젠테이션 196

Part 5. 프레젠테이션 부록

01 목차의 중요성 203
02 서체와 이미지의 활용 205
03 유인물을 어떻게 활용해야 하는가? 207
04 발표 당일 해야 할 것 209

Part 1.

프레젠테이션을 잘하려면?

01 프레젠테이션이란?

이 빈 화면에

무엇을

채울 것인가

?

프레젠테이션이란, 일반적으로 '자신의 의견이나, 경험, 노하우, 상품판매 등의 정보를 상대방에게 이해시키고, 자신의 의도한 결과를 이끌어 내기 위한 적극적인 행위'이다.

'저 빈 화면에 무엇을 채울 것인가?'

프레젠테이션을 잘하려면 지금 당장 A4용지를 꺼내서 그 용지에 무엇을 담을 것인가를 생각해보라.

하지만 생각처럼 쉽게 무엇인가가 떠오르지 않을 것이다. 왜냐하면, 자신의 의견이나 핵심을 설득시키기 위해서는 치밀하고 창의적인 연구가 수반되어야 하기 때문이다. 그렇기 때문에 프레젠테이션에 대한 정확한 이해와 분석이 중요하다.

프레젠테이션 내용을 간단히 집약적으로 말하자면 스토리, 디자인, 발표이다.

어떤 얘기를 말하고자 할 것인지에 대한 고민이 스토리텔링, 어떤 화면으로 얘기할 것인지가 디자인, 어떻게 설득할 것인가를 고민하는 것이 발표라고 말할 수 있다.

그래서 이 세 가지에 대한 부분을 충분히 고민하고 이해하고 자신만의 무기를 만든다면, 프레젠테이션을 지배할 수 있는 방법을 찾을 수 있다. 프레젠테이션은 이제 점차 일상이 되어 가고 있다. 그리고 대학에서든 직장에서든 자신의 일터에서든 PT는 그 사람의 능력을 보여주는 척도가 되고 있다. 즉, 프레젠테이션을 어떻게 하느냐에 따라 계약이나 판매 그리고 자신을 어필하는 데 있어서 성과가 달라진다.

그렇기 때문에 프레젠테이션을 잘 이해하고 PT에서 자신만의 무기를 만드는 것이 자신을 어필할 수 있는 아주 중요한 능력이 될 수 있다.

02
프레젠테이션은 퍼포먼스다

살면서 공연 한 편 정도는 본 경험이 있을 것이다.

뮤지컬을 예로 들어보자.

먼저 연출자와 제작자가 모여 공연의 목적을 고민할 것이다. 그리고 그러한 목적을 위해 어떤 주제를 설정할 것인지에 대해 회의를 거듭한다. 주제가 설정되면 거기에 따른 제작비와 홍보비 등의 예산이 구성된다. 그리고 그 예산에 맞게 캐스팅과 스텝이 꾸려진다. 이제부터가 본격적인 진행이다. 관객에게 말하고자 하는 내용을 가지고 재미와 감동을 심어주기 위해 맹훈련에 돌입한다. 배우는 배우대로 스텝은 스텝대로의 주제를 보여주기 위한 유기적인 노력을 한다.

그리고 그러한 몇 달간의 조화와 노력은 관객에게 감동을 심어주는 노력의 결실이 될 수 있다. 이때, 기획자나 연출자 그리고 배우나 스텝 중 단 한 명이라도 자신의 역할을 제대로 충실하지 못한다면 마치 조그만 틈이 구멍이 되듯이 그 공연의 완성도는 떨어지게 된다. 마치 톱니바퀴처럼 공연의 모든 과정은 일련의 유기적인 구조로 연결고리가 만들어져 있는 것이다.

프레젠테이션은 한 편의 영화나 뮤지컬이다. 그 한 편의 영화나 뮤지컬을 만들기 위해 수많은 연습과 리허설을 한다. 그리고 그 노력은 명작을 탄생시키는 원동력이 된다.

스티브 잡스가 애플을 발표하기 위해 몇 년 동안의 노력의 결실을 PT로써 보여줬다. 사람들은 충격에 빠졌고 그 PT에 열광했다. 그 이유는 마치 한 편의 영화를 보는 것처럼 스티브 잡스의 PT에는 시대를 앞서가는 통찰력과 신선한 메시지가 있었기 때문이다. 그리고 그 메시지를 깔끔한 PPT를 통해 보여주었고 마지막으로 스티브 잡스만의 친구와 대화하듯이 자연스러운 발표로 청중의 마음을 사로잡았다.

스티브 잡스의 PT에서 볼 수 있듯이 프레젠테이션을 잘하기 위해서는 자신만의 신선한 메시지를 청중에게 설득을 시키기 위해 하나부터 열까지 모든 것을 계획해야 한다. 그래서 프레젠테이션은 일종의 퍼포먼스와 같다. 한 편의 완성된 프레젠테이션을 위해 스토리부터 발표 단계에 이르기까지 통찰력을 바탕으로 자신의 메시지를 전달하기 위해 치열하게 생각하고 고민해야 한다.

03 프레젠테이션의 종류

프레젠테이션은 중심이 무엇이냐에 따라 발표자 프레젠테이션과 PPT 프레젠테이션으로 나눌 수 있다. 또한, 용도가 무엇이냐에 따라 정보 프레젠테이션과 판촉 프레젠테이션으로 나눌 수 있다.

발표자 중심의 프레젠테이션은 강연이나 또는 자기소개 등을 예로 들 수 있다. 청중의 관심이 나로 집중을 시키게 하려면 발표자 중심의 프레젠테이션의 경우는 PPT를 최소한으로 만드는 것이 좋다. PPT의 양이 많거나 시선이 PPT로 쏠리게 되면 발표자에게로 시선이 머물기 어렵기 때문에 PPT를 줄이고 발표자로 중심을 향하게 해야 한다.

반면 PPT 중심의 프레젠테이션은 업무보고나 또는 정보의 정확한 전달 등을 요할 때 필요하다. 가령 회의에서 지난주 업무 보고를 하는데 청중들이 원하는 것은 정확한 사실에 대한 보고

이기 때문에 이때는 PPT에 집중할 수 있도록 하는 것이 좋다.

또한, 용도에 따라 정보 프레젠테이션과 판촉 프레젠테이션으로 나눌 수 있다.

정보 프레젠테이션은 자기소개나 역사나 사실 등을 토대로 발표를 하는 것을 말한다. 예를 들어, 금연에 대한 폐해를 얘기한다거나, 2차 세계대전에 대한 발표나 빈부격차에 대한 발표를 하는 것을 말한다. 이러한 프레젠테이션은 모두 정보를 청중들에게 알리는 것이기 때문에 정보프레젠테이션이라 말할 수 있다.

이에 반면 판촉 프레젠테이션은 판매를 유발 하기위한 프레젠테이션을 말한다. 가령, ○○기업에서의 신규 자동차 설명회, ○○아파트 분양 설명회, 투자설명회 등을 얘기한다.

이때는 왜 ○○제품을 사야 하는지, 또는 투자를 했을 때의 장점과 이익 등 청중이 프레젠테이션을 듣고 마음을 움직여 구매를 할 수 있게 프레젠테이션을 하는 것이 중요하다.

이처럼 프레젠테이션은 PPT의 중요도에 따라 그리고 PPT의 내용에 따라 다양한 종류로 나뉠 수가 있다. 따라서 어떠한 내용을 무슨 목적으로 전달하느냐에 따라 PT의 유형이 달라질 수 있는 것이다.

04 이야기는 전략이다

프레젠테이션을 할 때 PPT의 화려함과 세련미만 추구하게 되면 이야기가 사라지게 된다. 이것은 마치 겉으로는 그럴싸한 음식이나 막상 먹어보면 내가 무엇을 먹었는지 모르는 그런 느낌과 같다.

프레젠테이션에서 가장 중요한 것은 바로 '이야기'이다. 이야기는 바로 발표자가 말하고자 하는 것, 청중에게 전달하고자 하는 '무엇'이다.

PPT에 치중한 나머지 이야기를 도외시하게 되면 청중은 결국 보기 좋은 영양가 없는 음식을 먹게 되는 느낌이다. PPT에 공을 들이는 시간에 이야기에 집중하라. 내가 청중에게 전달하고자 하는 이야기가 무엇인지, 그리고 어떤 내용을 얘기해야 할지를 고민하는 것이 효율적인 방법이다.

예전에 어떤 프레젠테이션 발표회가 있어서 참석한 적이 있었는데, 음향과 역동적인 애니메이션 효과 그리고 화려한 색감으로 눈을 즐겁게 한 발표가 있었다. 그런데 남는 것이 없었다. 주제가 '한국 영화에 대한 이해'였는데 마치 볼거리 위주의 블록버스터 한 편을 보고 온 느낌, 하지만 무엇을 얘기했는지가 생각이 나지 않는 느낌이었다.

물론 PPT 역시 중요하다. 가령, 아무리 좋은 밀가루로 피자를 만들어도 토핑이 제대로 되지 않으면 맛이 완성이 되지 않는 만큼, 좋은 이야기에 알맞은 PPT 디자인을 하는 것은 금상첨화다.

하지만 PPT 디자인은 이야기를 토대로 해야 하는 만큼 내가 말하고자 하는 뼈대가 무엇인지를 확고히 해야 함은 아무리 강조해도 지나치지 않는다.

이야기를 전달할 때 가장 중요한 부분은 바로 통찰력이다.

여기서의 통찰력이란 청중에게 어떤 메시지를 전달하느냐에 대한 것이다. 마치 나무 하나하나가 모여서 숲을 이루듯이 PT의 기획자는 청중에게 자신이 보여주고자 하는 것이 나무가 아닌 숲이라는 것을 설득시키기 위해 치열한 고민을 하는 것이다. 통찰력이 없는 메시지는 하나의 단편적인 나무에 지나지 않는다. 그렇기 때문에 PT를 기획하는데 있어서 고려해야 하는 부분이 이야기를 꿰뚫어 볼 수 있는 통찰력이다. 즉, 그 이야기가 판매를 위한 것이든 회의를 위한 것이든 무슨 이야기를 통해 청중에게 어떠한 메시지를 줄 것인지를 고민해야 한다.

그리고 기획자의 치열한 고민은 통찰력을 만들고 바로 그러한 통찰력은 메시지를 창출하고 그리고 그러한 메시지는 청중에게 강한 영향력을 심어주게 된다.

05 흥미를 유발하라

영화를 볼 때 처음에 재미없으면 그 영화는 성공하지 못할 확률이 매우 높아진다. 여기에서 재미란 웃기는 것을 얘기하는 것이 아니라 '흥미'를 얘기한다.

프레젠테이션을 할 때 제목, 소제목 등이 그래서 중요한 것이다.

제목과 소제목은 청중들에게는 첫인상과 같은 것이기 때문에 가급적이면 시작부터 청중을 사로잡을 수 있는 '흥미'를 유발할 수 있는 내용이어야 한다. 가령, 정보 프레젠테이션을 할 때 '금연'이라는 제목보다는 '담배를 피우면 안 되는 10가지 이유' 또는 '당신의 폐는 몇 살입니까?'라는 제목이 더 시선을 사로잡을 수 있다. 물론 너무 자극적인 소재나 허황된 제목은 오히려 반감을 일으킬 수 있기 때문에 이야기의 주제에 맞는 적합한 제목이어야 한다.

판촉 프레젠테이션도 마찬가지이다. 'A사 판매해결책'보다는 '20% 매출 증진을 위한 판매방법', '30대를 끌어들이기 위한 마케팅' 등의 구체적이면서 흥미를 줄 수 있는 제목으로 하는 것이 더 좋은 방법이다.

물론 모든 소제목마다 자극을 주게 되면 과유불급이라고 오히려 악영향을 끼칠 수 있다. 즉 모든 부분을 다 강조하는 것이 아니라, 제목, 특정부분 또는 꼭 강조해야 할 부분에 흥미를 유발하라는 것이다.

제목과 소제목에 흥미를 유발했다면 다음은 디자인이다. 디자인은 이야기를 받쳐줘야 한다. 이야기가 드라마에서 '주연'이라면 디자인은 '조연'으로 주연을 받쳐 주는 역할을 해야 한다.

이야기에 맞는 강조할 부분에 있어서의 색상과 디자인 또는 템플릿 다이어그램을 디자인하는데 있어서도 진부한 디자인보다는 새롭고 신선한 느낌이 훨씬 더 청중에게 흥미를 줄 수 있다. 이때 이미지나 동영상으로 흥미를 유발하는 것도 좋은 방법이다. 우리가 영화를 볼 때 단편적인 느낌의 영화보다는 그 영화안에 시각적 효과와 더불어 다양한 스케일이 들어갈수록 흥미를 끄는 것처럼 청중에게 인상을 심어주는 프레젠테이션을 보여주려면 단편적인 구성보다는 입체적인 구성 즉, 표와 수식 그리고 영상이 들어갈 수 있는 또는 새로운 퍼포먼스 가령, 간단한 마술이나 이벤트를 준비하는 것도 아주 신선한 방법이다.

신선함이 없는 프레젠테이션은 유통기한이 지난 음식에 지나지 않는 것처럼 더 이상 청중은 그러한 식상한 주제나 내용엔 관심을 기울이지 않는다. 그렇기 때문에 PT의 기획자가 고려해야 하는 부분은 메시지나 내용이 과연 새로운 것인지에 대한 것이다. 그래야 청중에게 영향력과 인상을 심어줄 수 있게 된다.

06
청중 분석의 중요성

1. 대상이 누구인가?
2. 몇 명 정도의 인원인가?
3. 남녀 비율과 나이는?
4. 그들의 관심사는?

청중은 어떤 사람인가?

프레젠테이션에서 청중 분석은 핵심만큼이나 중요하다.

청중의 연령은 어떠한지 성별과 비율은 어떻게 되는지 성향은 어떠한지를 정확히 분석해야 백전백승을 할 수 있다.

'지피지기면 백전백승이다.'라는 말은 프레젠테이션에서 꼭 필요한 말이다.

필자는 프레젠테이션을 많이 지도해보고 현장에서 다양한 발표를 해보기도 했지만, 초창기에는 청중 분석이 정확히 되지 않아서 애를 먹었던 적이 있었다. 실제로 남자가 많을 줄 알았는데 막상 가보니 여자가 많았거나 청년층이 많을 줄 알았는데 실상은 중장년층이 많은 경우가 있었다.

예를 들어, 주부를 대상으로 '소통'이라는 주제를 놓고 프레젠테이션을 구성을 하면 에피소드 역시 자녀와의 대화, 부부의 대화로 초점을 맞춰야 하는데 일반적인 에피소드나 직장 에피소드를 제시하면 청중의 공감대를 형성하기 어렵기 때문에 좋은 프레젠테이션이라고 할 수 없다. 직장에서도 마찬가지이다. 신입직장인을 대상으로 PT를 하는 데, 경영자의 어려움이나 팀장 리더십을 얘기하는 것은 공감대를 얻기 힘들다.

따라서 청중의 대상과 인원 그리고 비율 등을 제대로 파악해서 프레젠테이션을 준비하는 것이야말로 청중의 마음을 열 수 있는 전략적 방법이다. 좋은 프레젠테이션이란 청중이 원하는 부분을 정확히 긁어주는 것이기 때문에 치밀하게 청중을 연구하는 것은 프레젠테이션의 성공 여부를 가늠할 수 있는 척도가 될 수 있다.

그렇기 때문에 프레젠테이션에서 청중분석은 매우 중요한 역할을 할 수 있다.

07 매력적인 표현

발표자

1. 명확한 내용 전달력(음성, 발음)
2. 생동감 있는 화술(음의 강약, 고저, 강조)
3. 비언어적 설득(시선, 감정표현, 화법, 제스처)

이제 어떤 내용으로 청중에게 다가갈지, 무엇을 얘기할지를 정하고 거기에 맞는 디자인을 했다면 다음은 청중에게 PPT를 제대로 전달하는 일만 남았다.

어떤 분을 보면 PPT는 참 세련되고 깔끔하게 만들어 놨는데 청중을 졸게 만드는 화술과 표현으로 프레젠테이션을 망치는 경우가 있다. PPT로 자신의 생각과 디자인을 했다면 이제 남은 것은 발표자의 역량으로 청중을 설득시키는 일이다.

청중을 설득시키는 데 있어 논리적 전개로 이성적인 부분을 공략한다면 감정표현, 음성, 제스처 등의 비언어는 감성을 침투할 수가 있다.

그 중 첫 번째는 시선 처리이다. 청중을 자신의 것으로 만들려면 시선으로 교감을 해야 한다. 간혹 의무적으로 시선을 시계추처럼 왔다 갔다 하는 사람도 있지만, 그것은 정말 무의미하다.

진정으로 내가 만든 PPT가 왜 그러한지 또는 왜 그러해야 하는지를 설득을 시키려면 청중을 진심 어린 눈빛으로 대해야 한다. 그것이 첫 번째 방법이다.

두 번째는 바로 화술이다. 외국드라마 특히 미국드라마의 법정신을 보면 변호사들이 잘 알아듣지는 못하지만, 기가 막히게 변호를 한다. 왜 그럴까? 왜냐하면, 그들은 기본적으로 말에 업 다운이 있다. 즉 말 자체에 리듬과 악센트가 분명하기 때문에 지루하지 않고 역동적으로 들린다. 그런데 우리나라 말은 사투리가 아닌 이상 업 다운이 거의 없다. 그래서 지루해 보인다. 그렇다면 반대로 업 다운 즉, 음의 고저와 강약을 넣어줘야 생생하게 들린다.

오케스트라를 상상해 보라.

그 안에는 피아노, 바이올린, 첼로, 비올라, 오보에, 트럼펫 등 수많은 악기들이 하모니를 이루고 있다. 그리고 크레센도, 데크레셴도 등의 강약과 당김음, 변박과 강약 등의 리듬과 템포들이 녹아있다. 그 리듬과 템포의 악기의 연주들이 모여 하모니가 되고 그 하모니는 귀를 즐겁게 해주고 마음을 감동을 주는 역할을 한다.

프레젠테이션도 마찬가지다.

아무리 좋은 내용도 같은 음으로 자장가처럼 얘기를 한다면 내용은커녕 듣는 이를 숙면으로 빠지게 하는 지름길이다. 그러려면 음악, 특히 클래식을 많이 접하면서 리듬과 템포를 자연스럽게 익히는 것이 중요하다.

제스처도 마찬가지다.

적재적소에 강조를 하는 동작과 유연한 손동작은 사람의 시선을 집중하게 만든다. 그리고 마치 한편이 뮤지컬을 보듯이 그 사람의 말 하나하나에 귀를 기울이게 된다. 하지만 지나친 말의 업 다운과 제스처 남용은 오히려 해가 된다.

중요한 것은 자연스러워야 한다. 가끔 무턱대고 소리를 질러 자신의 성량을 과시하거나 춤을 추듯이 제스처를 하는 분들이 있다. 그런 부분은 프레젠테이션을 오히려 갉아 먹는다. 청중들이 화자의 얘기에 집중하고 수긍을 하고 마음이 움직여지려면 소통이 되어야 한다. 일방향적인 대화나 과장은 소통을 저해시킨 다는 것을 명심해야 한다.

08 기획부터 발표까지

감동적인 프레젠테이션의 기본은 진정성이다.

진정성을 바탕으로 청중에게 자신의 이야기를 제대로 설득시키는 것이다.

청중을 설득시키는 것은 생각보다 쉽지가 않다. 그러므로 청중의 마음을 움직이려면 정확한 자료와 정보 외에도 발표자의 치열한 고민이 담겨있어야 하고, 그 고민을 해결하고자 하는 노력이 PPT에 고스란히 담겨있어야 한다.

그렇기 때문에 PPT의 기획 단계부터 발표단계까지 마치 공연을 준비하듯이 프레젠테이션을 준비해야 한다. 과연 청중에게 무엇을 말할 것이며, 청중이 얻어가는 것은 무엇이며 그 얻어가는 것을 말하기 위해 나는 무슨 이야기를 어떤 구성으로 어떻게 발표할 것인지를 치밀하게 계산해야 한다.

프레젠테이션에서의 감동은 '이야기의 진정성'과 '적절한 디자인' 그리고 '발표자의 전달력'에 따라 좌우될 수 있다.

기획 단계부터 스토리보드, 디자인, 발표까지 이 모든 과정이 유기적으로 매끄럽게 연결되어 청중을 설득시키는 것 그래서 청중에게 마음의 동요를 일으키는 것이 진정한 프레젠테이션이다.

우리가 '와 진짜 예술이다.'라고 할 때의 예술은 리듬과 템포 그리고 타이밍, 조화가 완벽할 때 칭할 수 있다. 그런 것처럼 프레젠테이션 역시 치밀하고 완벽할 때 감동을 줄 수 있는 것이다. 스티브 잡스나 김연아가 당시에 감동을 주었던 것도 바로 기획 단계부터 스토리, 디자인, 발표까지의 과정이 예술적이었기 때문이다.

그러한 계획과 과정이 있어야 청중들을 설득시킬 수 있다. 다시 말하면, 그러한 과정이 없으면 절대 청중을 동요시킬 수 없다는 것이다. 그리고 그 고민의 중심은 '청중'이어야 한다. 어떤 청중인지, 그 청중에게 무슨 이야기를 하려고 하는지, 청중의 연령대와 감성 그리고 청중의 성향은 어떠한지를 면밀히 검토하고 분석해야 한다. 기존에 만든 프레젠테이션 자료가 있다고 해도 청중에 따라 수정하는 것이 중요하다.

일방향적인 그리고 자기 과시적인 프레젠테이션은 자기 위안을 위한 예술과 같다. 프레젠테이션은 청중과의 소통이다. 청중이 없으면 프레젠테이션도 없다. 그렇기 때문에 청중을 먼저 생각해야 하고, PPT를 만든 후에 연습하더라도 시뮬레이션처럼 청중이 있다는 가정 하에 모노드라마처럼 연습을 해 봐야 한다.

또한, PPT에 오타는 없는지, 자료에 신빙성은 충분한지 설문조사는 명확한 근거가 있는지 역시 검토되어야 한다. 프레젠테이션이라는 것은 청중을 설득시키기 위함이고 그 설득을 하는데 있어 명확한 사실과 이성적 논리 그리고 발표자의 감성적 설득이 병행되어야 청중의 뇌리와 가슴에 깊은 인상을 심어줄 수가 있는 것이다.

즉, 머리는 차갑게 가슴은 뜨거워야 한다. 프레젠테이션은 절대 차갑게만 구성해도 가슴으로만 발표해도 되지 않는다. 치열하게 계산해야 하고 그것을 티 내지 않게 감성적으로 얘기해야 한다. 그리고 치밀하게 계산된 PPT를 바탕으로 몇 번 아니 수십 번의 연습을 통해 완벽한 공연을 준비해야 한다.

기획 단계부터 발표단계까지 수정에 수정을 걸친 발표자의 노력과 땀이 흥건히 배어 있는 프레젠테이션만이 청중에게 감동을 줄 수가 있다. 그리고 그 연습 역시 치밀하고 치열할수록 완성도가 높은 프레젠테이션을 만들어 낼 수 있다.

지금 책을 읽는다면 다시 한 번 생각해 보라.

스스로가 어떻게 PPT 구성을 하고 있는지 정확한 핵심을 가지고 얘기하는지, 발표를 할 때 표정이나 화술, 제스처가 지루하지는 않은지 그러한 부분을 유심히 생각해 봐야한다. 우리가 프레젠테이션을 한다고 하면 보통은 자신만의 프레젠테이션을 하는 경우가 대부분이다. 그래서 대부분 딱딱한 제목에 지루한 내용 그리고 고루한 표현까지 더불어 잠을 자게 만드는 프레젠테이션을 하는 경우가 많다.

감동을 주는 프레젠테이션이란, 마치 우아하게 보이지만 백조가 물 밑에서 치열한 발짓을 하며 헤엄을 치는 것처럼, 겉으로는 태연하고 자연스럽게 여유를 띄지만, 그 과정은 정말 치밀하고 치열해야 청중에게 감동을 줄 수 있는 것이다.

Part 2.
PPT 구성

01 핵심키워드

핵심키워드

PPT 스토리를 이끄는 키워드

과연 무엇을 얘기할 것인가?

프레젠테이션을 기획할 때 제일 먼저 생각해야 하는 부분이 '핵심키워드'이다. 과연 어떠한 주제를 가지고 청중과 소통할 것이고 청중을 설득할 것인지가 그 무엇보다 중요하다. 그리고 그러한 핵심키워드를 가지고 스토리부터 디자인 발표로 이어지는 유기적인 생각과 구성을 해야 한다.

어떠한 이야기를 하더라도 핵심키워드가 분명하면 그 이야기는 중심이 잡히지만, 핵심이 없으면 이야기가 산만해진다.

따라서 어떤 이야기를 할지를 고민하는 것이 우선이 되어야 한다.

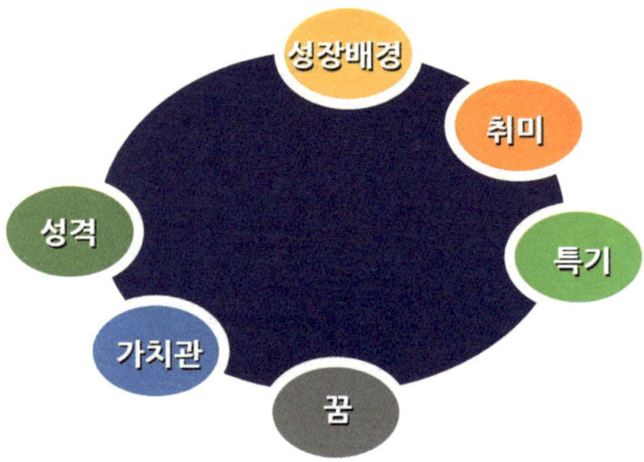

여기에서 핵심키워드는 '나의 소개'이다. 나의 소개에서 성격, 가치관, 취미, 특기 등이 파생될 수 있다. 그러한 이야기의 중심은 '나의 소개'임을 잊어서는 안 된다. 그런데 이 나의 소개가 '인상적인 나의 소개'와 '재미있는 내 소개'라는 제목에 따라 성장배경, 성격, 취미 등이 달라질 수 있다. 예를 들어, '인상적인 나의 소개'라는 핵심키워드를 가지고 PPT를 구성한다면 살아오면서 인상적이었던 경험과 일화 그리고 나만의 특이한 성격이나 취미 등을 얘기하는 것이 어울린다.

또한, PPT의 키워드가 '재미있는 내 소개'라면 내가 그동안 살면서 경험했던 재밌었던 에피소드와 성격 등이 주를 이뤄야 한다.

다시 말하면, 핵심키워드에 따라 목차가 일관성 있게 흐름을 맞춰나가야 하고 그 흐름은 진부하지 않고 짜임새가 탄탄해야 한다는 의미이다.

프레젠테이션에서 핵심키워드는 중심을 잡으면서 PPT의 예리함을 날카로움을 전할 수 있다.

즉, '자기소개'라는 핵심키워드보다는 '인상적인 자기소개'나 '재미있는 자기소개' 등의 구체적이고 예리한 키워드로 일관성을 만들어야 한다.

이번에는 '투자제안서'이다. 투자제안서를 중심으로 예산, 매출, 홍보, 스텝구성 등으로 나타낼 수 있다. '투자제안서' 자체의 키워드는 막연함을 심어줄 수 있다. 핵심키워드를 '월 2천만 원을 위한 임대사업 투자제안서'라고 하면 어떨까? 훨씬 더 구체적으로 예산과 홍보 전략을 마련할 수 있다.

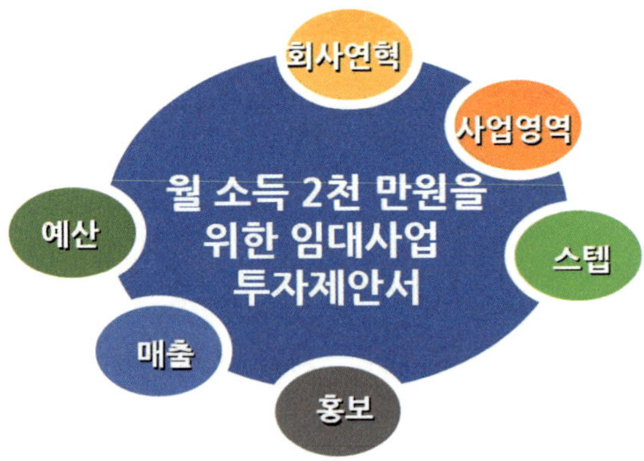

핵심키워드를 생각하고 기획할 때 막연하거나 추상적이게 되면 전체의 PPT 역시 막연해질 수밖에 없다. 따라서 구체적이고 예리한 키워드로 구상해야 PPT 역시 구체적인 느낌을 줄 수 있다.

마지막으로 '마케팅'을 가지고 나눠보았다.

역시 '마케팅'이라는 막연한 제목이 아니라 '효과적인 페이스북 좋아요 마케팅'이나 '하루 방문자 500명을 위한 블로그 마케팅' 등으로 구상해야 구체적으로 흐름을 구성할 수 있다.

만약, '500명을 위한 블로그 마케팅'으로 핵심키워드를 구상한다면 거기에 맞는 예산과 홍보전략 그리고 차별전략을 구성할 수 있지만, 제목 자체가 그런 예리함이나 구체성이 없다면 PPT 역시 날카로움을 기대하기는 어렵다.

몇 단 형식이든 어떤 전개이든 핵심이 튼튼하고 구체적이면 그 스토리는 흔들리지 않는다는 것을 명심하자.

일관성

핵심키워드에 어긋나지 않은 스토리 전개

PPT는 결국 화자가 말하는 주제를 얼마나 핵심적으로 보여주는가이다. 이야기가 짧거나 길거나 핵심이 분명하면 그 PPT는 흔들리지 않는다. 핵심을 지탱할 수 있는 구성이 바로 일관성이다.

프레젠테이션을 나무라고 한다면, 나무의 줄기는 '핵심'이 된다. 이 핵심을 지탱하는 것이 바로 일관성이다. 즉, 핵심을 벗어나지 않게 나무줄기의 방향을 유지해 줘야 한다.

위의 다이어그램에서 '사람'이라는 키워드는 녹색성장이라는 핵심에 어긋난다. 그런 키워드는 청중을 산만하게 하거나 혼란을 야기 시킬 수가 있다. 그래서 꼼꼼히 PPT를 체크하고 또 체크해야 한다.

축약성

PPT에 꼭 필요한 스토리를 간추려서 나타냄

축약성은 과연 그 이야기가 '꼭 필요한 부분인가?'에 해당한다. 프레젠테이션을 할 때는 필요한 이야기를 압축해서 얘기하는 것이 현명한 방법이다. 많은 프레젠터의 실수의 유형이 바로 스토리를 나열하는 것인데 그것이야 말로 프레젠테이션을 망치는 지름길이다.

핵심키워드가 정해지면 과연 이야기가 바르게 흘러가느냐를 체크해야 하고, 꼭 필요한 이야기인가도 역시 확인해야 한다. 그렇게 다듬고 수정하다 보면 발표자가 꼭 해야 하는 스토리를 전달 할 수가 있고 그러한 과정을 거쳐야 청중에게 강한 인상을 심어 줄 수 있다.

4개의 키워드로 요약한다면?

다시 한 번 말하지만, 청중을 위한 핵심키워드나 주제가 무엇인지부터 찾아야 한다. 그러고 나서 거기에 맞는 스토리텔링을 전개해야 한다. 스토리텔링을 전개할 때는 꼭 필요한 부분을 간추려야 한다. 그래야 청중들에게 진정한 이야기가 전달될 수 있다는 것을 명심하자.

02 PPT 스토리텔링 방법

스토리텔링에서 키포인트는 '핵심'이다. 무엇을 말하고자 하는가가 분명해야 한다.

가령, A사의 디자인을 가지고 프레젠테이션을 한다면, 청중에게 얘기하고자 하는 것이 무엇인지가 명확해야 한다는 것이다. A사 디자인의 문제점이 핵심인지 아니면 A사 디자인의 판매가 중점인지 말이다.

또는 임진왜란을 가지고 프레젠테이션을 할 때도 임진왜란의 배경에 초점을 둘 것인지 아니면 임진왜란 자체가 핵심인지 또는 임진왜란의 결과가 핵심인지에 대해서 명확히 하라는 것이다.

일관성만 있다고 좋은 스토리텔링은 아니다.

PPT에서의 스토리텔링은 핵심과 더불어 흥미와 감동이 있어야 한다. 아무리 내용이 좋아도 청중이 감동과 재미를 느끼지 못한다면 그 프레젠테이션은 실패했다고 봐도 무방하다.

스티브 잡스의 프레젠테이션을 보면 분명한 핵심과 더불어 흥미, 더 나아가서 감동까지 준다. 그것이 좋은 프레젠테이션이다.

그 핵심이 분명해졌다면 다음은 그에 따른 스토리텔링이다.

PPT에서는 3단을 기본 스토리텔링으로 하여 분량에 따라서 4단, 5단 등으로 확대하는 것이 좋다.

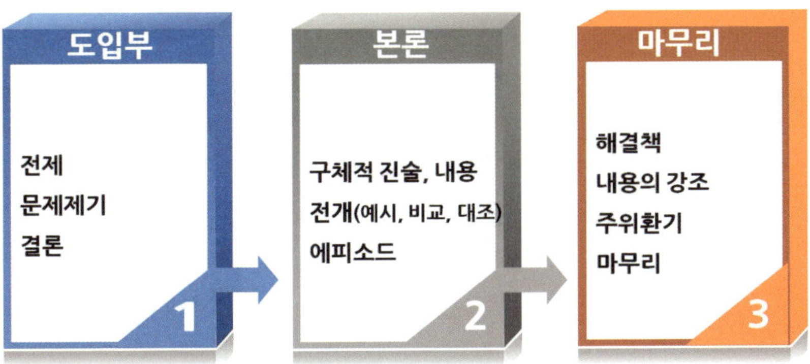

먼저 3단 스토리텔링이다.

가령, 임진왜란을 프레젠테이션 한다고 했을 때, 도입부는 '임진왜란의 시대적 배경', 본론은 '임진왜란의 실태', 마무리는 '임진왜란의 결과'로 나눌 수 있다.

또는 A사 판촉을 프레젠테이션을 한다면, 도입부는 'A사 판매현황', 본론은 'A사 판매부진의 원인', 그리고 마무리는 'A사 판매개선책'으로 할 수 있다.

물론 위의 방법이 정답은 아니지만, 중요한 것은 핵심을 정확히 생각하고 거기에 맞는 스토리텔링을 전개해야 한다는 것이다.

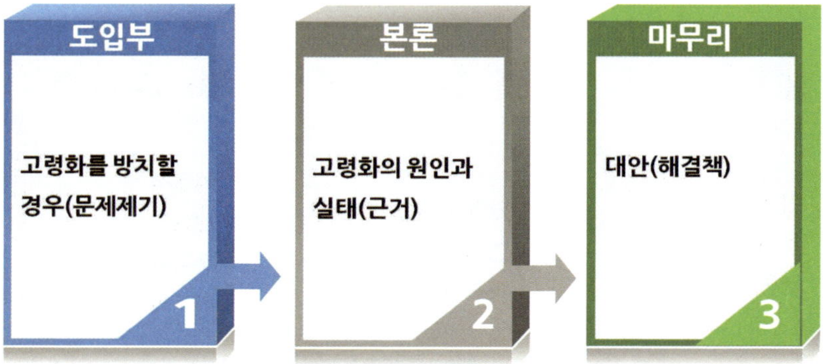

핵심키워드는 '고령화'이다.

거기에 맞는 스토리텔링은 '문제제기', '고령화의 원인과 실태', '해결책'으로 구성할 수 있겠다.

위의 이야기에서는 '발표불안'이 핵심키워드이다.

'발표에 대한 인용', '발표불안 사례', '발표불안 극복방법'으로 스토리텔링을 전개할 수 있을 것이다.

이번에는 '판매 부진의 원인' 그리고 '성공적 사례'에 대한 다양한 예시들, 마지막으로 '합리적인 대안'으로 판매에 대한 스토리텔링을 꾸며보았다.

이번에는 다양한 4단 스토리텔링 방법이다.

3단 스토리텔링을 기본으로 4단을 꾸며 보는 것이다.

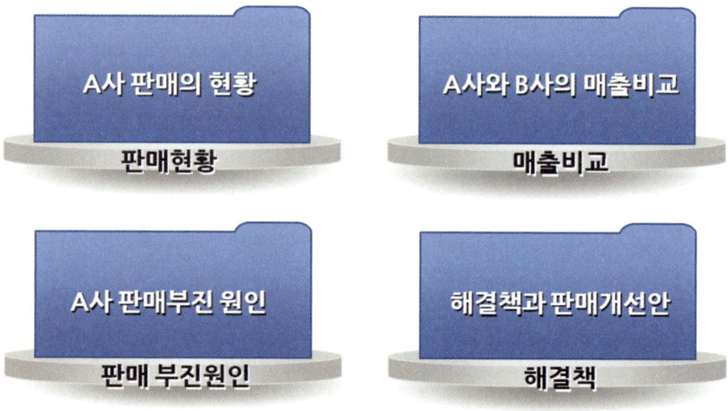

'A사 판매의 현황', 'A사와 B사의 매출비교', 'A사 판매 부진 원인', '해결책과 판매 개선안' 이 4단 스토리텔링의 핵심키워드는 'A사 판매'이다. 이 키워드를 가지고 꼭 필요한 그리고 흥미를 줄 수 있는 스토리텔링으로 전개하는 것이다.

'저출산의 실태와 현황', '저출산 원인', '문제점', '해결책' 이번 4단 스토리텔링의 키워드는 '저출산'이다.

이번에는 5단 스토리텔링이다.

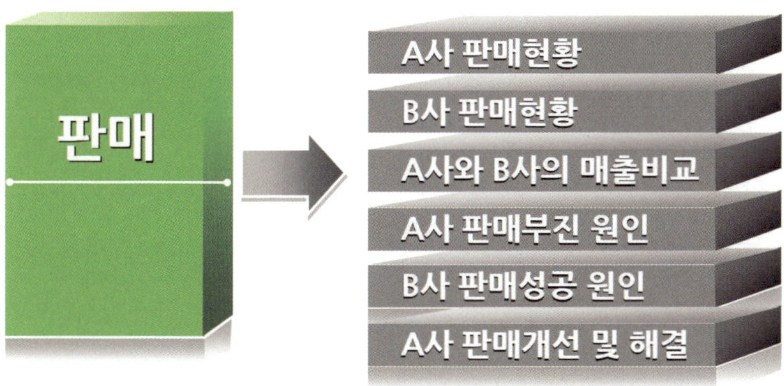

A사 판매를 가지고 6가지 스토리텔링으로 나눠봤다. 3단 스토리텔링이 기본이지만 이야기가 늘어날수록 꼭 필요한 스토리를 만들어야 한다. 만약 어떤 부분이 필요하지 않으면 과감히 빼야 한다. 그렇게 추스르다 보면 핵심적인 그리고 알짜배기인 스토리텔링이 완성된다.

'A사 판매현황', 'B사 판매현황', 'A사와 B사의 매출비교', 'A사 판매부진 원인', 'B사 판매성공 이유', 'A사 판매개선 및 해결방안' 모두 A사 판매에 대한 스토리텔링이다.

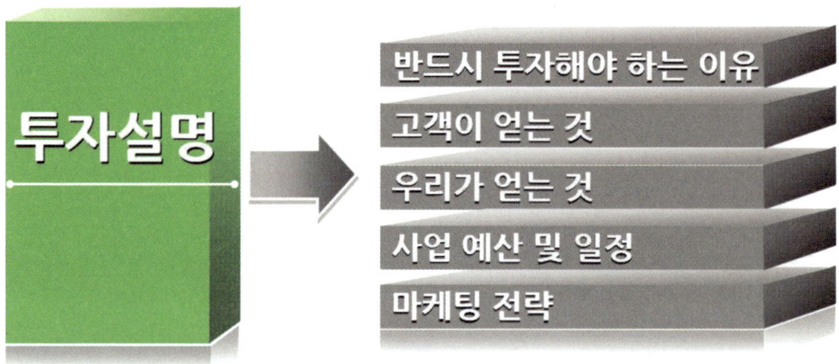

마찬가지로 '반드시 투자해야 하는 이유', '고객이 얻는 것', '우리가 얻는 것', '사업 예산 및 일정', '홍보 및 마케팅'으로 투자설명회를 꾸몄다.

이번에는 인상적인 스토리텔링의 유형이다.

인상적으로 스토리텔링이란 청중들에게 강렬한 느낌을 각인시키는 이야기 구성을 말한다. 보통 두 가지의 형태로 얘기할 수 있는데, 첫째는 스티브 잡스와 같은 '상징성'을 통해 호기심을 불러일으키는 것이고 둘째는 '모순'을 얘기해서 집중을 하게 만드는 것이다.

먼저, 상징성을 대표하는 인상적인 스토리텔링이다.

'마케팅의 방법'을 주제로 했을 때 먼저 호기심을 불러일으키고 그것에 대해 '사람'과 '신뢰'라는 키워드와 이미지로 상징을 심어주는 것이다. 그리고 그것은 마케팅의 방법이라는 결론을 도출하는 형태이다. 이러한 방법은 청중의 호기심을 불러일으켜서 이미지를 각인시키기에 좋은 방법이다.

따라서 이러한 방법은 호기심을 불러일으킬 수 있는 상징성 있는 이미지나 다이어그램으로 집중을 시키는 것이 중요하다.

다음은 모순을 얘기해서 집중을 하게 만드는 방법이다.

'투자'에 대한 방법을 말하면서 '돈을 벌려면 투자를 하면 안 된다.'라는 모순과 이율배반을 심어준다. 그리고 그것에 대한 논거를 논리적으로 설명하면서 청중들이 집중을 하게 만드는 방법이다.

이러한 인상적인 스토리텔링 방법은 청중에게 호기심이나 집중을 유발하는 방식으로 유용하게 쓰일 수 있다.

다음은 재미있는 스토리텔링의 유형이다.

A라는 상품과 연애의 공통점과 차이점, 차별점과 강점을 가지고 스토리텔링을 꾸몄을 때 청중에게 진부한 것과는 달리 재미를 주기 때문에 흥미를 유발할 수 있다.

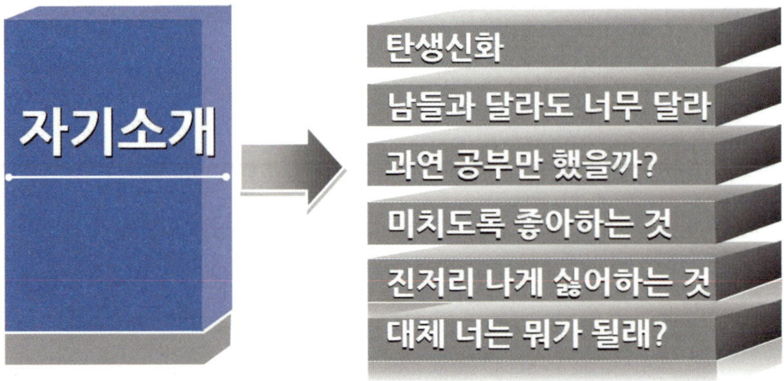

자기소개를 가지고 과거, 현재, 미래를 나누고 어떻게 자랐는지 어떠한 취미가 있는지의 뻔한 형식보다는 좀 더 만화처럼 구성이나 표현을 하는 것도 청중에게 신선하게 하거나 재미를 줄 수가 있다.

마지막으로 감동적인 스토리텔링의 유형이다.

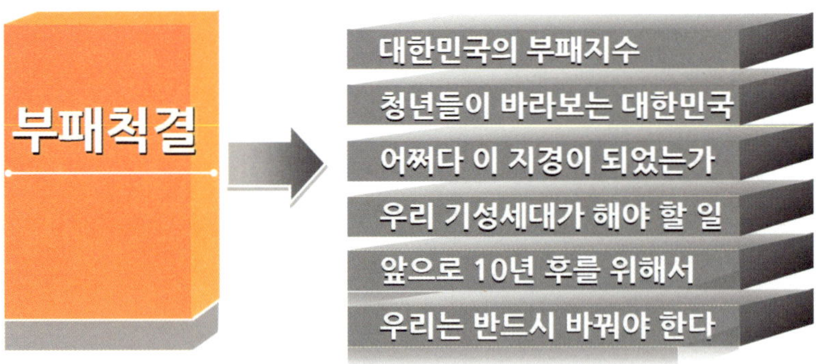

이야기에 감동을 주려면 '진정성'이 반드시 수반되어야 한다. 발표자가 주제에 대해서 얼마나 치열하게 고민을 했는지 그리고 얼마나 진심이 담겨져 있는지에 따라 청중의 마음을 움직일 수가 있다.

핵심키워드가 정해지면 거기에 맞는 스토리텔링을 구성해야 한다. 가령, 위의 스토리텔링과 같이 '부패척결'이라는 핵심키워드로 부패지수와 부패의 원인과 우리가 할 일 등의 6개의 스토리텔링을 만든다. 그리고 스토리텔링이 구성이 되면 그 이야기에 맞게 스토리보드를 만들어야 한다. 여기서 스토리보드란 이야기를 디자인하는 것을 의미한다. 쉽게 말해 슬라이드를 얘기하는 것이다.

스토리보드는 스토리텔링을 기반으로 먼저 레이아웃을 만들고 그 레이아웃을 바탕으로 표나 이미지 등의 다이어그램이나 동영상을 활용해서 화면구성을 하는 것이다. 따라서 하나의 스토리텔링에 파생되는 스토리보드는 적게는 1개서 5개 이상으로 구성될 수 있다.

회의나 보고에서는 수치와 통계를 이용한 신뢰를 줄 수 있는 정확한 정보를 객관적으로 명확하게 전달하는 것이 중요하다.

보통, 30분 정도의 보고서를 작성할 때는 30슬라이드 정도의 분량이 적당하다. 즉, 1슬라이드에 1분 정도가 소요된다고 생각하면 좋다. 먼저, 어떠한 주제를 명확히 보고할 것인지에 대한 부분을 계획해야 한다. 회의 프레젠테이션에 참석하다보면 가끔 어떤 내용을 얘기하는 것인지 불명확해 보일 때가 많다. 가령, 부서 소개를 하는데 팀원 소개와 역할 그리고 비전에 대한 것은 통일성이 있지만, 비전과 앞으로의 할 일 등은 겹치는 부분이기 때문에 집중력을 떨어뜨리는 요인이 될 수 있다. 즉, 스토리의 일관성과 축약성에 대한 부분을 꼼꼼히 신경 써야 한다.

또한, 정확한 자료를 바탕으로 스토리를 만들어야 한다. 출처는 명확히 밝히고 어떤 부분을 강조해야 할지를 생각하고 나서 그 강조된 부분을 바탕으로 설명이 이뤄지는 방식으로 슬라이드를 끌어가야 한다. 간혹 어떤 부분을 강조하는지가 불분명해서 설득력이 떨어지는 경우가 있다. 원칙적으로는 하나의 슬라이드에 하나의 강조를 하는 것이 맞지만, 회의에서는 시간적인 제약이 있기 때문에 하나의 슬라이드에 2~3개 정도를 강조하는 것도 나쁘지 않다.

03 PPT 유의할 점

PPT를 만들 때 유의할 점은 얼마나 핵심적인 내용을 흥미 있게 전달하는 가이다. 어떤 PPT를 보면 너무 심플해서 볼거리가 없고, 어떤 PPT는 너무 장황해서 지루해지는 경우도 있다.

먼저 PPT는 간결해야 한다. 추리고 추려서 꼭 전달하고자 하는 내용이어야 한다. 그래야만 정확한 핵심을 전달할 수 있다.

간혹, 자신이 하고자 하는 이야기를 장황하게 늘여서 얘기하는 사람들이 있다. 하지만, 프레젠테이션이 끝나면 남는 것이 없다. 오히려 산만해서 혼동만을 줄 뿐이다. 여기서의 심플함은 마치 엑기스만을 뽑아내듯이 꼭 필요한 키워드와 내용을 축약해서 보여줘야 한다는 의미이다.

가령, 무술을 연마하는 고수 중의 고수는 적은 몸놀림으로 상대를 제압한다. 하지만 그 몸놀림은 너무나 재빠르고 강하다.

PPT 역시 그래야 한다. 핵심키워드나 주제가 정해졌으면 꼭 필요한 내용을 간추려서 보여줘야 한다. 그리고 슬라이드 하나 하나는 밀도나 청중들을 사로잡을 수 있는 포인트가 있어야 한다.

또한, PPT는 흥미로워야 한다.

핵심을 간추려서 간결하게 표현하는 것과 더불어 보는 이로 하여금 흥미를 유발해야 한다. 그 흥미를 반감시키는 것이 진부한 표현과 디자인 그리고 문구이다. 청중들은 이미 익숙해져 있는 그런 말이나 디자인보다는 새로운 것을 원한다. 그리고 발표자는 그러한 청중의 요구에 부합해야 한다.

여기서의 신선함이란 문구와 디자인 뿐 아니라, 구성과 발표 모든 것에 해당한다. 그렇기 때문에 발표자는 더욱더 신경 써서 기획 단계부터 발표단계까지 치밀하게 구성해야 하는 것이다.

마지막으로 감동이 있어야 한다. PPT에서의 감동은 '진정성'이다. 즉, 발표자가 말하고자 하는 것을 얼마나 진정성 있게 이야기하고 디자인하고 표현하느냐이다. 마치, 사랑을 할 때 진심이 통하고 진심이 전달되어야 상대방의 마음이 움직이듯이 청중을 상대로 발표자의 진심과 진정성이 표현이 되고 통해야 청중의 마음이 동요될 수 있다.

프레젠테이션이 설득을 기반으로 하는 만큼, 그 설득은 간결해야 하고 참신해야 하며 진정성이 있어야 하는 것이다.

04 다양한 PPT 스토리텔링

PPT의 이야기는 어떻게 전달하느냐에 따라 4가지로 나눌 수 있다.

A. 첫 번째 유형 : 전제 - 구체적 전개 - 결론

이 유형은 어떻게 보면 가장 기본적인 PPT의 형태라고 볼 수 있다. 먼저 전제 부분은 소개형태나 사실로 얘기를 이끈다. 이 때 주의해야 할 점은 자연스럽게 본론과 마무리로 이어질 수 있는 도입부가 되어야 한다는 것이다. 이 형태에서 가장 중요한 것은 일관성이다. 그렇기 때문에 청중에게 자연스럽게 어필할 수 있는 도입부를 생각하는 것이 중요하다.

전제가 마련되었다면 다음은 본론부분이다. 이 유형에서 가장 좋은 본론의 형태는 원인 및 분석이다. 원인 및 분석을 통해 전개를 하는 방법인데 청중에게 사실적인 근거와 정확한 자료로써 설명을 해야 한다. 가령 자료의 출처가 어디인지 그리고 자료의 근거가 무엇인지 등 반드시 사실적인 근거를 통해서 얘기해야 한다.

마무리는 원인과 분석을 통해 정확한 진단과 해결책을 제시해 주는 것이다.

B. 두 번째 유형 : 문제제기 - 반증 - 결론

두 번째 유형은 어떻게 보면 상당히 자극적일 수가 있다. 그렇기 때문에 청중들이 솔깃할 수도 있지만, 자칫 직설적이거나 도전적으로 보일 수가 있기 때문에 그러한 점을 유념해야 한다. 또한, 이 유형은 촌철살인과 같은 스토리전개가 필요하다. 즉, 처음에는 청중의 호기심을 자극할만한 문제 제기를 해야 하고 본론과 결론으로 갈수록 그 긴장을 완화시켜 청중을 내 편으로 만드는 방법이다.

먼저 도입부에서 문제 제기를 한다. 문제 제기라는 것은 기존의 어떤 사실이나 개념에 대해 말 그대로 질문이나 문제를 야기하는 방법이다. 가령, '지금의 마케팅은 과연 효과적인가?' 또는 'A시스템은 적절한 대안인가?'라고 말하는 방식이다.

본론 부분에서는 문제 제기를 한 부분에 대한 증명을 해야 한다. 가령, 'A제품은 안전한가?'라는 말에 문제제기를 했다면 본론에서는 'A제품의 안정성 현황'이라는 소제목으로 여러 각도에서 안전성을 진단해야 한다. 그리고 하자원인은 무엇인지를 사실적인 데이터로 설명하는 것이 중요하다.

결론 부분에서는 도입부에서 왜 문제 제기를 할 수 밖에 없었는지에 대한 당위성을 얘기함으로써 청중을 자연스럽게 설득해야 한다. 이때 주의할 점은 도입부 - 본론 - 마무리로 이어지는 부분이 논리적으로 이해가 되도록 자연스럽게 이어져야 한다는 점이다. 그렇지 않으면 청중을 절대 설득할 수 없다. 또한, 반드시 사실적인 근거와 자료를 제시해야 한다.

C. 세 번째 유형 : 주위환기 - 전개 - 결론

세 번째 유형은 청중을 질문을 던지거나 궁금증을 유발함으로써 낯설게 하는 방법이다. 이미 청중은 진부하거나 틀에 박힌 스토리텔링에 싫증을 느낄 수 있기 때문에 이러한 방법은 오히려 신선하게 다가갈 수 있다.

먼저 도입부에서 궁금증을 유발하게 한다. 가령, "제가 지금부터 말하고자 하는 것이 무엇인지를 보세요."라고 말해 청중의 궁금증을 유발하게 한다. 또는 "이제부터 우리 10초간 아무 말도 하지 마세요."라고 한다면 청중은 '지금 뭐하는 거지?'라고 호기심을 불러일으키게 할 수 있다. 즉 도입부에서 이 방법은 청중의 호기심을 충분히 유발할 수 있도록 하는 것이 중요하다.

본론 부분에서는 낯설게 한 부분에 대한 근거 제시나 전개를 해야 한다. 가령, '침묵의 중요성'에 대해 전달을 하고자 청중에게 10초간 말을 하지 말라는 얘기를 했을 때는 그 이유에 대해 충분한 논리를 갖고 얘기를 해야 한다. 가령, "말을 안 하니까 어때요? 자신의 얘기에 집중하는 것이 아니라 주위에 귀를 기울일 수가 있지 않나요?"라는 근거로 주위환기를 했던 이유 또는 낯설게 했던 이유에 대해 전개를 하는 것이다.

결론 부분에서는 도입부와 본론에서 얘기했던 논지의 근거를 가지고 청중에게 인상을 심어줄 만한 마무리를 하는 것이 중요하다. '침묵의 중요성'에 대한 얘기를 가지고 도입부에서 낯설게 하는 방법을 쓰고 본론에서 그것에 대한 근거를 제시했다면 결론에서는 침묵이 왜 중요한지 그리고 왜 침묵이 필요한지에 대해 보다 인상적인 이야기로써 결론을 짓는 것이다.

이 방법은 익숙하지 않은 방법으로 청중에게 접근함으로써 청중에게 새로움과 호기심을 불러일으키는데 적합할 수가 있다.

D. 네 번째 유형 : 결론 - 본론 - 강조

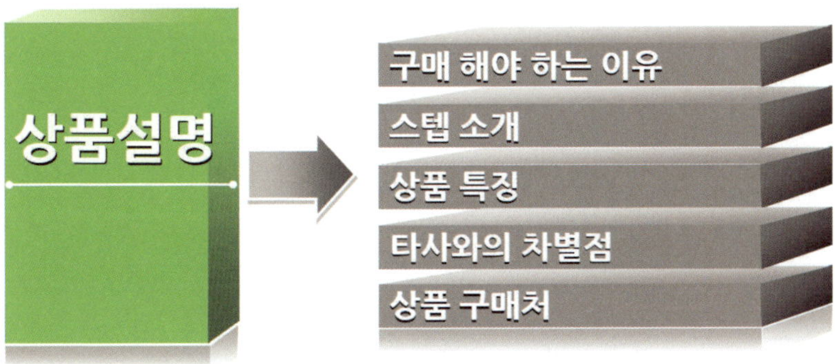

이 유형은 결론을 먼저 제시하는 유형이다.

그래서 청중들의 귀를 솔깃하게 만드는 것이다. 가령, "현재 소비자가 원하는 방식은 바로 OOO시스템입니다. 또한, 소비자의 안전성과 편의성 모두에 있어서 가장 적합한 방식으로 만들어져 있기 때문에 A 상품을 구매할 수밖에 없습니다."라고 얘기하는 방식이다.

이때 중요한 것은 결론을 내세울 때 그 결론은 신빙성이 있어야 하며, 논리적이어야 한다. 그래야 청중의 시선을 잡을 수 있다. 또한, 본론에서는 왜 그러한 결론이 나오게 되었는지 또는 그러한 주장을 하는지를 논리적 전개에 근거해서 증명해야 한다.

결론을 증명하는데 있어서 사실적이지 않거나 일반화, 감정, 흑백논리의 오류가 들어가게 되면 설득력이 떨어지기 때문에 이러한 전개는 특히 그러한 점을 주의해야 한다.

마무리에 있어서는 서론, 본론에서 얘기했던 것을 한 번 더 강조해서 처음 결론을 제시한 것에 대해 흐름을 끝까지 유지해야 한다.

Tip 구체적인 핵심키워드가 정해지면 그 핵심키워드를 더욱 구체적으로 뒷받침할 수 있는 스토리텔링을 구성해야 한다. 어떤 주제를 가지고 어떤 청중들을 대상으로 하느냐에 따라 전제, 문제제기, 주위환기, 결론 등의 유형으로 스토리텔링을 구성할 수 있다. 어떤 스토리텔링을 만드는 것이 중요한 게 아니라 '왜 그렇게 구성을 해야 하는가'에 대한 당위성을 생각하고 검토하는 것이 중요하다. 하나의 프레젠테이션을 만드는 것은 하나의 공연을 준비하는 것처럼 전략적이고 치밀해야 한다. 그리고 그러한 노력의 결과가 청중의 마음을 움직이고 감동을 줄 수 있다.

Part 3.
PPT 디자인

01 PPT 디자인의 원리

디자인

1. 내용분할(레이아웃, 슬라이드 마스터)
2. 색상의 조화 및 배치
3. 입체적 디자인 구성(템플릿, 다이어그램)
4. 가독성과 강조법

PPT 디자인을 할 때 가장 먼저 생각해야 하는 것은 '핵심'이다. 말하고자 하는 핵심에 따라 디자인은 가장 적절하게 핵심을 표현하기 위한 좋은 수단이 되어야 한다.

또한 핵심과 주제가 계획이 되었다면 그 주제를 부각시킬 수 있는 흥미로운 디자인이어야 한다.

하지만 허울만 좋은 디자인은 좋은 디자인이 아니다.

반드시 주제와 핵심을 받쳐 주는 역할을 해야 한다는 것이다.

가령, 판타지 영화를 예를 들어 보자.

영화의 주제가 있는데 주제와는 상관없는 화려한 CG와 볼거리만 가득하다고 해서 좋은 영화인가? 오히려 수려한 CG와 볼거리는 영화의 주제를 깎아 내릴 수도 있다.

중요한 것은 주제를 부각시킬 수 있는 CG와 볼거리를 만들었을 때 그 영화는 완성도가 생긴다는 점이다.

프레젠테이션 디자인도 마찬가지이다.
핵심과 주제에 맞는 디자인이 좋은 디자인인 것이다.

어떤 PPT를 보면 지나치게 애니매이션을 남발하거나 영혼 없는 색감과 디자인으로 프레젠테이션을 방해하는 경우가 있다.

두 번째는 통일성이다.
디자인에서의 통일성이란 화면구성이나 색감, 템플릿 등을 얘기한다. 여기서 말하는 통일성이란 무조건 모든 디자인을 한 가지로 통일하는 것이 아니라 주제에 맞게 화면 배치와 구성을 일관성 있게 디자인을 하는 것을 말한다.

가령, 베토벤의 운명을 연주할 때 바이올린만으로 연주하는 것이 아니라, 첼로와 피아노 비올라와 관악기 등 거의 모든 악기가 들어가지만, 운명의 비장함을 표현하기 위해 또는 운명의 비장함에 맞게 악기를 구성하는 것이 바로 통일성 있는 연주라 할 수 있다.

다시 말하면 통일성은 심플함을 얘기하는 것이 아니라, 다양성 안에서의 일관성을 얘기한다.

마지막으로 흥미로워야 한다.

디자인 구성을 할 때 평면적인 느낌보다 입체적인 느낌이 훨씬 청중들에게 인상을 심어줄 수 있다. 가령 10개의 슬라이드를 구성하는데 각 슬라이드를 도표로만 구성하는 것보다 도표와 영상 등 다양한 수식을 넣는 것이 더 입체적으로 보인다.

물론 PPT 마다의 특징이 있기 때문에 모든 PPT에 도표와 수식 그리고 영상이 들어갈 필요는 없다. 하지만 다채롭고 다양한 시각으로 구성을 하는 습관 그리고 보다 넓은 시각으로 PPT 디자인을 바라보아야 한다. 이때도 청중이 원하는 것이 무엇이고 그 PPT를 통해서 청중이 무엇을 얻어갈 것인지에 대한 고민이 우선이 되어야 한다.

02 내용분할의 원리

내용분할을 할 때는 전체 레이아웃을 먼저 생각을 한 후에 개별 슬라이드 화면의 구성을 생각해야 한다.

또한, 색상의 조화와 글과 이미지의 배치 역시 모두 고려해야 할 대상이다.

구성

1. 전체 레이아웃
2. 슬라이드 레이아웃
3. 슬라이드 마스터

먼저, 전체 레이아웃의 구성이다. 말하고자 하는 핵심 메시지를 디자인으로 유기적으로 구성하는 것이 중요하다.

전체 레이아웃을 구성할 때는 청중들이 흥미를 느낄 수 있도록 입체적으로 구성하는 것이 좋다.

가령, 동영상과 이미지 도표 그리고 텍스트 위주의 화면을 리드미컬하게 배치해야 한다. 물론 어떤 것을 얘기하느냐에 따라 다르기 때문에 디자인 구성의 정답은 없지만, 청중에게 무엇을 설득시킬지, 청중이 얻어가는 것은 무엇인지를 고민했다면 청중에게 어떤 방법으로 얘기할 것인지를 고민해야 하는 것이다.

프레젠테이션에서 가장 고려해야 할 것은 청중이요, 둘째도 청중이다. 따라서 PPT를 전달하는 방식에 있어서 하나의 단편적인 텍스트나 이미지 위주만을 보여주는 것보다는 퍼포먼스 식의 입체적이고 흥미로운 방식으로 편집을 하는 것이 중요하다.

전체 레이아웃

1. 제목(이미지)	2. 목차 (목록형 다이어그램)	3. 도표 (도표형 다이어그램)
4. 동영상	5. 현황 (설명형 다이어그램)	6. 문제점1(이미지)
7. 문제점2(이미지)	8. 해결책(프로세스)	9. 마무리(동영상)

전체 레이아웃의 경우 리듬과 템포를 고려해서 하나의 퍼포먼스를 구상하듯이 만드는 것이 좋다. 하지만 회의나 보고의 경우 정확성과 신뢰를 바탕으로 해야 하기 때문에 동영상과 같은 입체적인 다이어그램보다는 표나 엑셀과 같은 수치나 비교를 나타낼 수 있는 자료를 바탕으로 하는 경우가 많다.

그렇지만 같은 리듬이 반복되면 역시 지루해질 수밖에 없다. 사람이 보통 집중해서 견딜 수 있는 시간이 20분 정도이다. 이 20분을 넘어가면 그때부터는 엉덩이가 들썩거리고 몸을 기웃거리게 된다. 그렇기 때문에 아무리 회의와 같은 객관적인 자료를 바탕으로 해야 하는 PPT를 만든다고 할 때에도 리듬과 템포를 고려한 구성이 필수적이다.

예를 들면, 재정 팀에서 예산안을 보고할 때 10개의 슬라이드를 모두 도표를 통해서 발표하는 것보다는 그 사이사이에 이미지를 활용하거나 도표가 반복될 때는 화면전환 사이에 밝기변화나 압축 등의 애니메이션을 활용하는 것도 지루함을 줄일 수 있는 방법일 수 있다. 또한, 구도를 수평으로만 일관하지 않고 사선구도나 원형구도를 통해서 집중을 시키는 방법도 있다. 글씨도 같은 크기나 색상이 아니라, 강조할 부분에 대해서는 가독성을 높일 수 있도록 크기나 색상을 달리하는 것이 좋고, 엑셀작업을 보여줄 때는 중요한 수치나 자료의 경우에는 밑줄이나 돋보기와 같은 효과로써 가독성을 높이는 것도 필요하다.

하지만 한 화면에 2개 이상의 애니메이션이나 지나치게 화려한 다이어그램의 경우 오히려 PPT에 대한 집중을 방해할 수 있기 때문에 적절히 안배를 하는 것이 무엇보다 중요한 일이다.

전체 레이아웃이 구성이 되었다면 이제부터는 화면 하나하나의 구성이다.

슬라이드 레이아웃

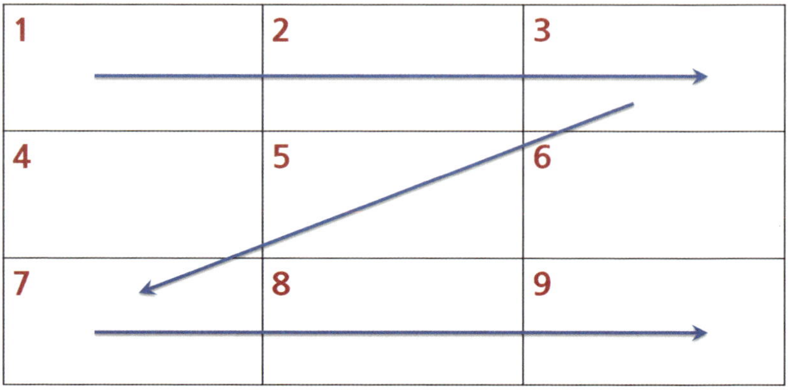

화면을 9개로 나눴을 때 중심은 어디인가?

먼저, 화면을 위, 가운데, 아래로 3등분 했을 때 중심은 가운데이다. 그리고 가운데 부분이 가장 강한 부분이다. 그 다음 윗부분 마지막으로 아랫부분이다.

만약 화면을 왼쪽, 가운데, 오른쪽으로 3등분 했을 때는 역시 가운데 부분이 가장 강하다. 그리고 왼쪽 마지막으로 오른쪽이 된다.

이러한 원리를 바탕으로 9개의 화면분할 속에서 어떻게 이미지와 글씨를 배치할지를 생각해야 한다.

그리고 그 중심에서 어떻게 디자인을 확대와 축소를 시킬 것인가? 이때 주의할 점은 바로 '가독성'이다. 사람들의 시선은 대부분 오른쪽에서 왼쪽으로 가고 다시 오른쪽으로 가서 왼쪽으로 간다. 이러한 점을 고려하여 어느 부분과 위치를 강조할 지를 생각하는 것이 중요하다.

다음은 레이아웃이다. 레이아웃은 화면구성을 말하며 어떻게 화면 안에 제목과 본문을 배치할 것인지를 고민해야 한다.

우리가 어떤 글을 볼 때는 바로 직접적으로 받아들이는 장점이 있지만, 너무 직접적이어서 평면적인 느낌을 줄 수 있는데 반해 이미지의 경우 직접적인 글과 달리 연상을 할 수 있는 간접성을 지니지만 선과 면이 주는 입체적인 느낌을 줄 수가 있는 것이다.

즉, 글씨는 직접적이고 평면적인 느낌을 주고, 이미지나 도표와 같은 다이어그램들은 간접적이고 입체적인 느낌을 준다. 그렇기 때문에 글씨와 이미지의 조화가 중요하고 미학적으로도 리드미컬하고 입체적인 느낌을 줄 수 있다.

먼저, 제목만을 가지고 화면을 구성했을 때이다.

제목

사업계획서

다음은 제목과 본문을 아래와 같이 구성했을 때이다.

제목

본문

제목과 본문을 아래위로 분할했을 때는 제목으로 PPT의 핵심을 보여주고 본문에서는 제목을 보충하거나 설명할 수 있는 느낌으로 이미지나 동영상과 함께 보여주고 있다. 제목을 글씨로 통해 직접적으로 보여주고 본문을 이미지를 통해 입체적으로 보여주는 것이 좋다. 너무 글로만 설명을 하거나 글이 많이 들어간 설명 문구는 오히려 지루하거나 산만해질 수 있기 때문에 가급적이면 입체적이고 동적인 느낌을 주는 것이 좋다.

투자설명회

일시 : 00년 0월 0일
시간 : 오후 2시 30분
장소 : 00관 000실
인원 : 30명

이번에는 제목이 맨 위로 가있고 부제목을 두 개로 나누고 그 밑에 본문을 배치하는 형태이다.

비교나 대조로 화면을 구성할 때 좋은 방법이다.

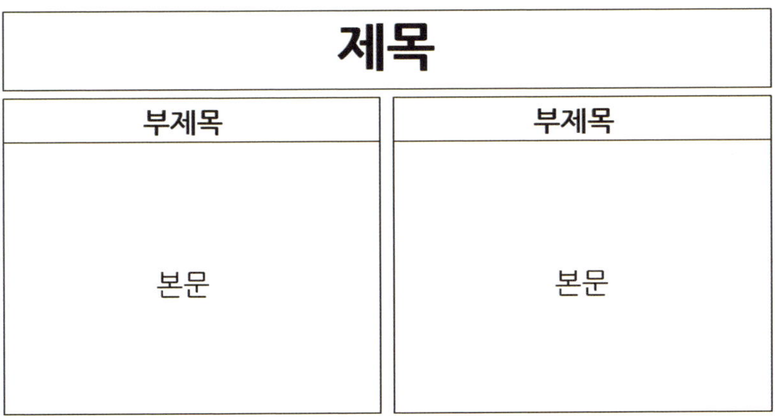

제목을 직접적인 글씨로 보여주고 부제목으로 설명 문구를 넣어주면서 본문에 이미지나 영상을 통해 입체적인 느낌을 심어주는 레이아웃 형태이다.

제목과 부제목이 본문과 배치됐을 때 어떤 그림이 나올 수 있는지 예를 들어보자.

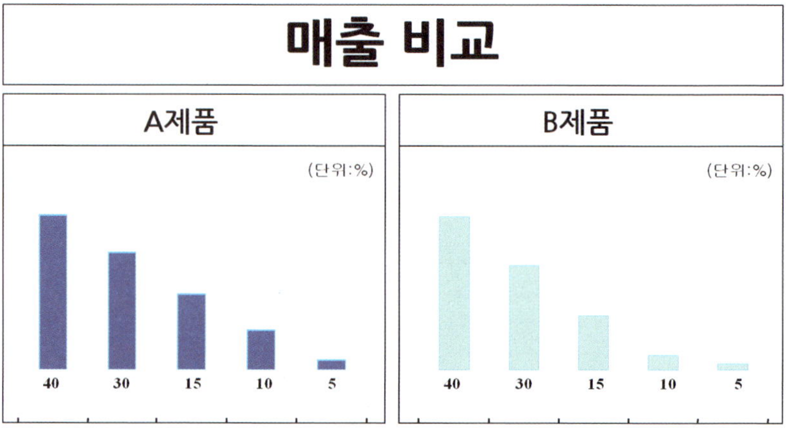

위의 이미지는 도표를 통해 매출의 비교를 나타냈다. 위의 가운데 제목을 중심으로 부제목으로 왼쪽과 오른쪽으로 나누면서 이미지를 도표로 보여주면서 청중들이 쉽게 매출실적을 이해할 수 있게 만들었다. 비교나 대조 등의 예시로써 좋은 내용분할이라 할 수 있다.

다음은 이미지나 동영상을 보여주고 그 밑에 제목과 본문을 배치하는 형태이다.

이미지가 위쪽에 차지하는 부분이 많기 때문에 강렬하면서 입체적인 느낌을 심어줄 수 있다. 이런 경우는 이미지 자체가 강렬함을 줄 수 있기 때문에 제목이나 본문의 느낌을 잘 살릴 수 있는 이미지를 고르는 것이 무엇보다 중요하다.

이미지가 위에 가고 제목과 본문이 배치됐을 때의 느낌을 예시로 보자.

위의 PPT에서 볼 수 있듯이 이미지를 위쪽에 배치해서 이 이야기가 무슨 이야기인지를 상징적으로 보여주고 있다.

이번에는 오른쪽에는 제목과 본문을 배치하고 오른쪽에 이미지를 배치하는 방식이다. 그렇게 되면 시선이 위의 오른쪽에서 아래의 왼쪽으로 향하기 때문에 중요한 내용을 오른쪽에 배치할 수 있고 왼쪽 그림으로 깔끔하게 설명을 할 수가 있다.

위의 PPT에서 볼 수 있듯이 이러한 화면 분할은 직접적인 제목과 본문을 오른쪽에 배치하고 간접적인 이미지를 왼쪽에 배치해서 글을 강조하면서 이미지를 통해 안정적으로 PPT의 느낌을 보여주는 형태이다.

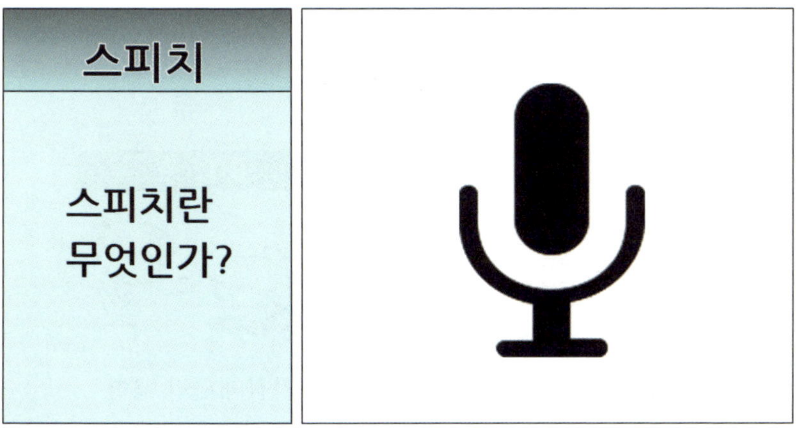

위의 PPT에서 볼 수 있듯이 제목과 본문을 통해 스피치가 무엇인지를 나타내고 이미지를 오른쪽에 배치함으로써 스피치에 대한 느낌을 한 번 더 각인시켜주고 있다.

이러한 전체 슬라이드와 각각의 슬라이드를 바탕으로 '대화의 방법'을 가지고 실전 슬라이드를 구성해보자.

'대화의 방법'에 대한 스토리텔링을 가지고 5개의 슬라이드를 만들었다. 먼저, '대화의 유형'에 대한 것을 직장과 가정에서의 유형으로 나눠서 설명하고 있다. 여기서 설명을 구체적으로 하기 위해서 일러스트를 활용해서 이해를 도모하고 있다. 일러스트는 청중에게 친근함을 주기 때문에 설명을 할 때 매우 유용하게 쓰일 수 있다. 또한, 비교에 대한 부분이기 때문에 레이아웃을 왼쪽과 오른쪽으로 나눠서 구분 짓고 있다.

두 번째 슬라이드는 '갈등 상황'이다. 이때는 '유형 A'와 '유형 B'를 비교해서 갈등 상황을 설명한다. 이때, A와 B의 갈등은 공통분모가 있기 때문에 하나의 이미지로 통합해서 설명하고 있다.

세 번째 슬라이드는 '갈등 유형'인데 핵심 키워드를 왼쪽에 배치하고 도표를 오른쪽에 정렬함으로써 도표를 더욱 강조하고 있다.

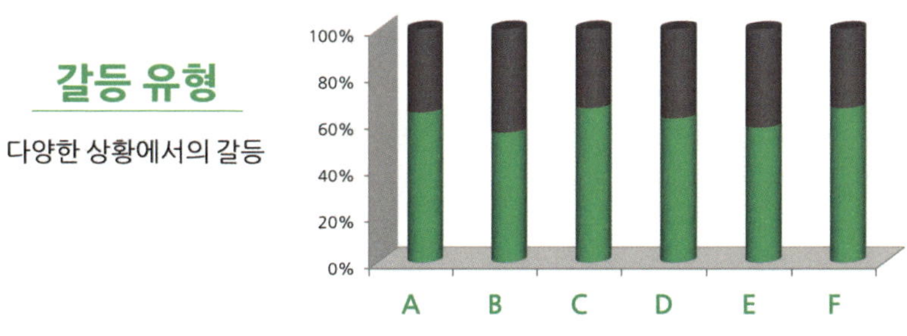

네 번째 슬라이드는 '관계의 방법'에 대해 직장과 가정에서 관계에 대한 부분을 동영상으로써 설명하고 있다. 동영상의 경우 가장 직접적이고 입체적인 방법이기 때문에 쉽게 이해를 도모하는 장점이 있는 반면, 자칫 동영상을 길게 보여줄 때는 지루할 수 있기 때문에 그러한 점을 유의해야 한다.

마지막 슬라이드는 '소통 방법'에 대한 키워드를 가지고 가정, 친구, 직장, 지인에게서의 대화와 소통에 대한 방법을 가지고 공통분모의 이미지로써 통합을 시키는 레이아웃의 형태이다. 즉, 서로 관계는 다르지만 소통 방법은 같기 때문에 이러한 원형 중심의 구도로써 정렬을 시키면 더 효과적으로 소통에 대한 방법을 설명할 수 있다.

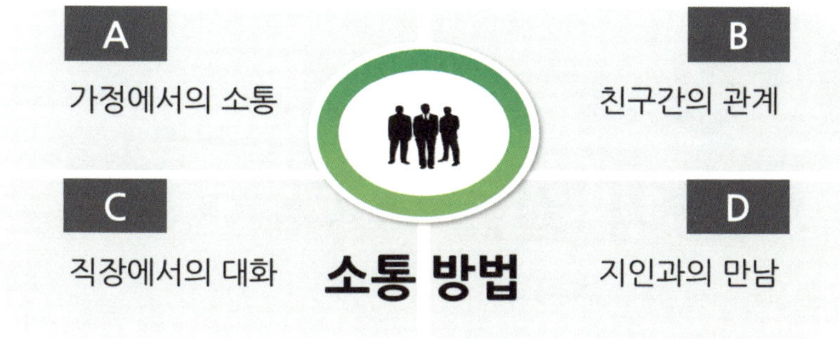

이처럼 전체 슬라이드를 구성할 때는 똑같은 레이아웃이나 형식의 느낌으로 구성하는 것은 지루함을 줄 수 있기 때문에 위의 슬라이드처럼 기본적인 색은 녹색과 회색으로 통일성을 주고 위쪽엔 제목 아래쪽엔 설명 부분의 구성으로 레이아웃의 일관성을 확보했다면 하나하나의 슬라이드마다 개성과 특색을 살려서 선 다이어그램이나 도표 그리고 이미지로써 슬라이드의 정성을 다하는 것이 중요하다.

Tip 화면분할은 PPT에서 보여주고자 하는 의도와 내용에 따라 구성되어야 하고, 전체 슬라이드의 아웃라인을 리듬과 템포를 살려서 입체적으로 그린 후에 하나하나의 화면구성에 심혈을 기울여야 한다. 또한, 화면을 분할할 때는 글을 강조할지 이미지를 부각할지를 고려하면서 색상과의 조화도 생각하며 화면 구성을 해야 한다.

03 색상이 말을 하다

색상

1. 디자인에 맞는 색상
2. 색상의 배치와 조화

색상은 PPT 디자인에서 중요한 역할을 한다. 여기서 얘기하는 것처럼 '이런 색상은 반드시 어떠하다.'라고 얘기할 수는 없지만 그래도 어떤 색상이 어떤 느낌을 주는지는 알고 있어야 디자인에서 자유로울 수 있다.

색상에서 중요한 것은 디자인에 맞는 색상의 통일성과 조화이다. 예를 들어, 어떤 슬라이드는 채도와 명도가 높다가 다른 슬라이드에서는 채도가 갑자기 낮아 버리거나 A 슬라이드에서는 색상이 3가지 배열로 가다가 B 슬라이드에서 갑자기 색상 배열이 8가지로 간다면 통일성이 깨질 수 있다.

물론, 모든 슬라이드에서 같은 느낌의 채도, 명도, 색상 배열을 하라는 것이 아니다. 통일성 만큼 중요한 부분이 참신성이기 때문에 모든 부분을 똑같이 할 필요는 없지만, 어느 정도의 통일성의 마지노선을 넘어버리면 설득력이 떨어질 수 있다.

그리고 이미지나 다이어그램의 채도나 명도가 낮은데 글씨까지 어두우면 글의 가독성이 떨어질 수 있다. 즉, 이미지나 표의 색상의 채도나 명도가 낮으면 글씨는 반대로 흰색이나 노란색 계열의 밝은 색채로 구성해야 가독성을 높일 수 있다.

또한, 한 슬라이드에서 색상이 3개 이상으로 구성되면 오히려 산만해지기 때문에 가급적이면 주요한 색상의 배열을 3가지 이내로 구성하는 것이 좋다.

다음은 각 색상이 주는 느낌이다.

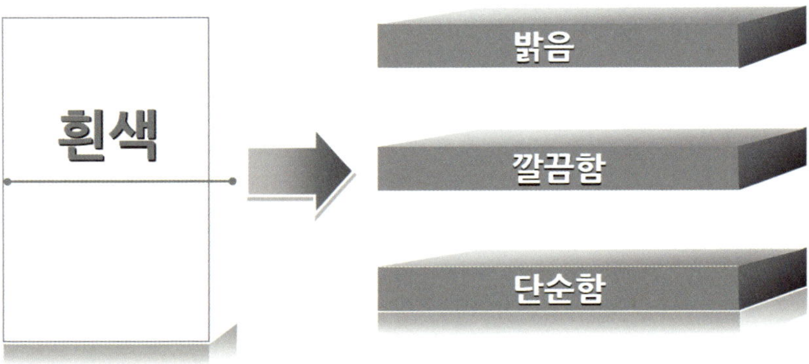

Tip 흰색의 느낌은 '깨끗함'의 느낌이다. 마치 눈처럼 하얀 색을 볼 때의 느낌으로 깔끔하면서 단순한 느낌을 준다. 밝고 긍정적이며 깨끗한 느낌을 갖고 있는 것이 바로 흰색의 느낌이다.

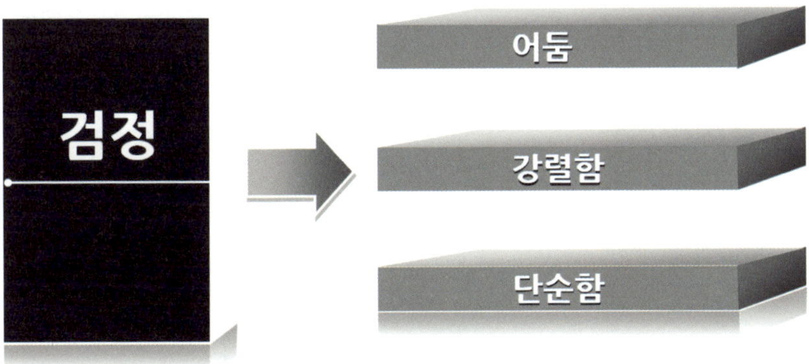

Tip 검정의 느낌은 '어둠'의 느낌과 같다. 어둠의 느낌이 부정적인 느낌을 줄 수도 있지만, 강렬하면서 깔끔한 느낌도 줄 수 있다. 즉 깔끔함의 긍정적인 느낌과 어둠의 부정적인 느낌을 동시에 갖고 있는 것이 바로 검정색의 느낌이다.

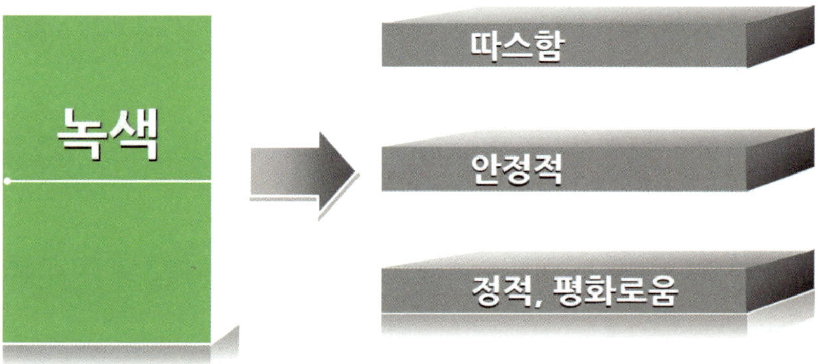

Tip 녹색은 말 그대로 숲과 자연의 느낌이기 때문에 우리에게 안정감과 평화로움을 준다. 그래서 녹색을 보면 편안함과 안락함을 느낄 수 있다. 따라서 그러한 녹색의 느낌을 잘 생각해서 디자인에 반영하면 도움이 될 수 있다.

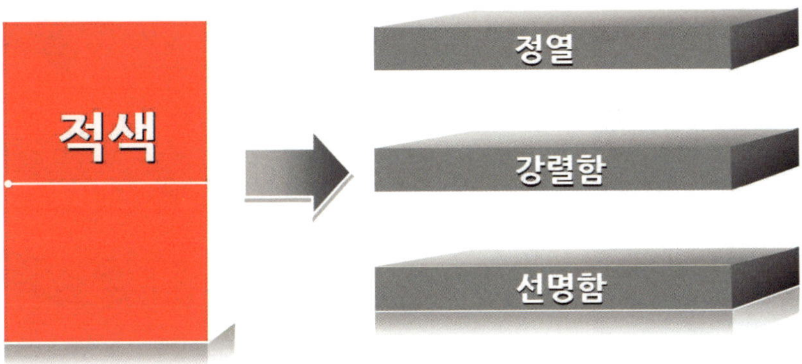

Tip 적색의 느낌은 '불'의 느낌과 같다. 불을 보면 선명함과 정열을 느낄 수 있지만 반대로 강렬함도 느낄 수 있다. 즉 긍정적인 느낌과 부정적인 느낌을 동시에 갖고 있는 것이 바로 적색의 느낌이다.

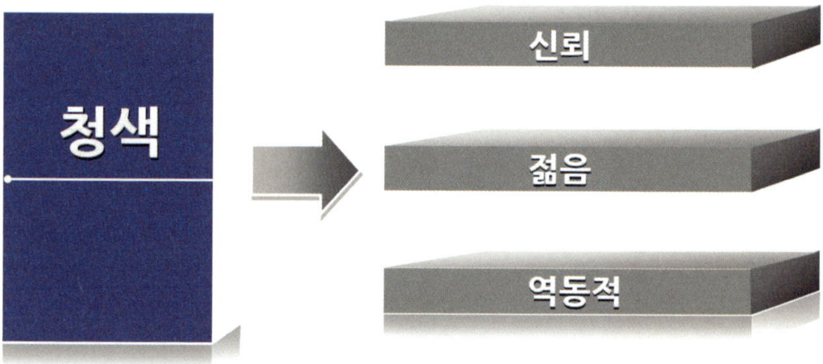

Tip 청색은 '하늘'과 '바다'의 느낌을 동시에 지니고 있다.
가을날 잔디밭에 누워 하늘을 보라. 청명함과 맑은 느낌을 받을 수 있다. 또한 여름날의 하늘은 신선함과 젊음을 느끼게 해준다.

하지만 심연의 바다를 보면 알 수 없는 공포를 느낄 수 있다. 이처럼 청색은 젊음과 믿음을 줄 수도 있지만 무서운 느낌도 있다.

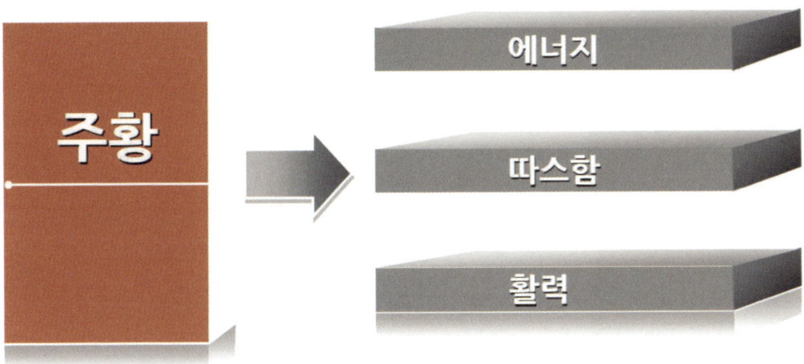

Tip 주황은 백열등의 느낌을 생각해 보면 될 것 같다.
그래서 힘과 활력 그리고 따스함을 준다. 따라서 그러한 활력과 따스함의 성질을 이용해 주황을 활용하면 좋을 것이다.

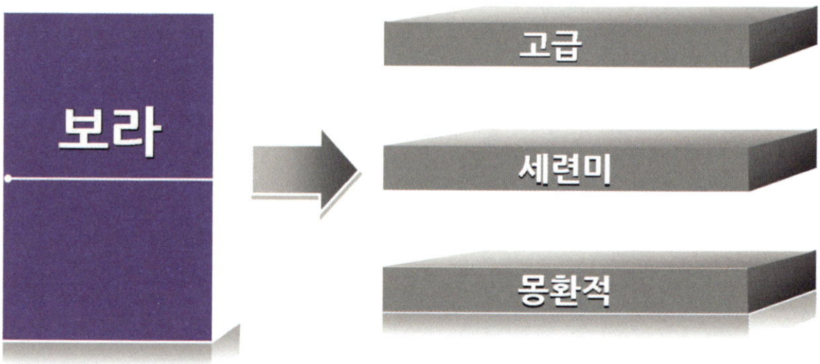

Tip 보라색이 주는 느낌은 신비함과 고상함이다.
보라색 옷은 어떻게 매치하느냐에 따라 고상해 보이기도 하지만 이상해 보이기도 하다. 그래서 특히 보라색은 매치가 중요하다. 색상은 조화가 중요하다. 어떤 한 가지의 색깔로 이미지나 레이아웃을 구성하는 것이 아니라, 전체의 통일성을 바탕으로 색상의 배열을 하는 것이 중요하다. 그리고 그러한 색상을 바탕으로 채도와 명도의 조절을 통해 색감을 조절하는 것이다. 이때, 글씨와의 가독성을 고려해 글씨와 배경화면은 반대로 명도와 채도를 구상해야 한다. 또한, 스티브 잡스의 PPT처럼 그러데이션이 깔끔하게 들어가는 경우는 세련미를 더할 수 있고, 빌 게이츠처럼 색상의 조화를 잘 배치하는 경우는 화려함을 줄 수가 있으므로 그러한 색감과 조화에 대한 안목을 키우는 것이 중요하다.

04
구도와 조화

구도는 PPT를 디자인하는 데 있어서 화면 구성이나 이미지의 배치를 조화롭게 할 수 있는가에 대한 부분이다.

사실 구도와 조화는 미적 감각이 있어야 하는 부분이기 때문에 평소에 전시회나 그림 또는 사진에 대한 관심을 기울여야 안목이 키워질 수 있다.

구도

1. 색상과의 조화
2. 배경과의 조화
3. 글씨와 이미지와의 조화

Tip 구도는 카메라로 따지면 앵글과 같다. 초점을 어느 쪽으로 맞추느냐에 따라서 수직, 수평, 원형, 집중, 방사 형 등의 구도로 분류할 수 있다. 초점을 가지고 구도를 잡았다면 그 구도가 배경과 색상, 글씨와 조화를 이룰 수 있는가를 살펴보아야 한다. 어느 한 부분에서 구도나 조화가 깨진다면 그 PPT는 완성도가 떨어질 수밖에 없기 때문에 그러한 구도와 조화에 대해서 섬세한 능력을 키우는 것이 중요하다.

PPT의 예제를 통해서 하나씩 알아보자.

다음은 '사업보고서'라는 주제의 PPT이다. 역시, 구도와 조화를 놓고 얘기해보자.

전체적으로 배경 색상과 글씨 그리고 이미지가 조화를 이루고 있다. 한 화면에서 색상이 세가지를 초과할 경우 산만해질 수 있는데, 아래의 PPT는 배경과 이미지가 전체적인 안정감을 주고 있다.

위의 PPT는 수평 구도이다. 수평의 느낌으로 인해 안정감을 주지만, 너무 안정감만을 주는 나머지 단조롭기까지 하다. 즉, 구도가 균형감은 있지만, 재미가 없다.

위의 PPT는 수직, 수평의 혼합 구도이다. 수직의 느낌이나 수평의 느낌만 있다면 단조로울 수 있지만, 수직의 이미지와 수평의 글의 배치는 균형과 더불어 안정감을 심어준다.

위의 PPT에서는 이미지의 배치를 사선으로 하고 있고 제목을 아래쪽에 배치함으로써 재미와 안정감을 동시에 주고 있다. 구도의 중심은 글에 맞춰 놓고 이미지를 자연스럽게 강조하는 구도로 전체적으로 안정감과 재미를 주고 있다.

위의 구도는 이미지의 사선 구도에서 중간의 이미지를 살짝 어긋나게 하여 부조화 속의 조화를 이루는 구도이다. 이러한 구도는 세련미와 감각을 돋보이게 할 수 있다. 즉, 안정감을 너무 강조하면 심심한 느낌을 주고 재미를 강조하면 산만해질 수 있지만, 이러한 부조화 속의 조화는 재미와 안정감을 동시에 심어줌으로써 구도의 완성미를 더할 수 있다는 얘기다.

이번에는 '영업 매출'이라는 PPT를 가지고 얘기해보자.

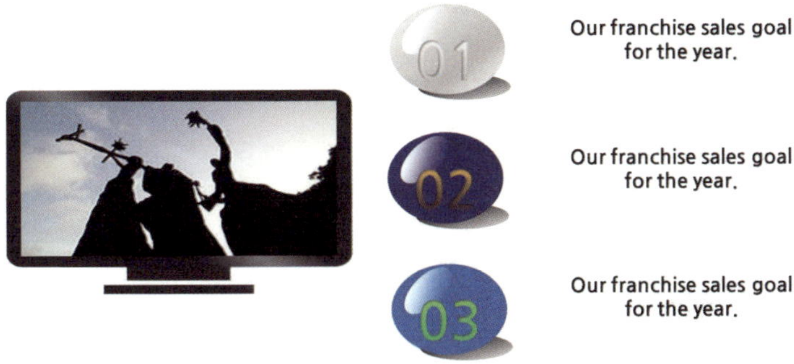

위의 PPT에서는 전체적인 구도는 안정감이 있지만, 왼쪽 그림과 오른쪽 글의 구도가 조금 방대하게 잡혀있어 아쉬움이 남는다. 그래서 초점이 어딘지가 분명하지 않기 때문에 전체적인 각도가 살짝 산만해 보인다.

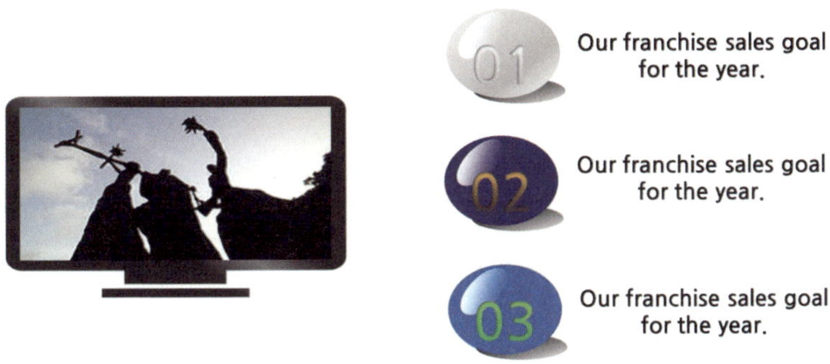

위의 PPT는 왼쪽 그림과 오른쪽 글의 배열이 적절한 조화를 이룸으로써 안정적인 구도를 형성하고 있다. 특히, 왼쪽 그림과

오른쪽 다이어그램 사이의 간격과 오른쪽 다이어그램과 글씨와의 간격이 안정적인 느낌을 준다.

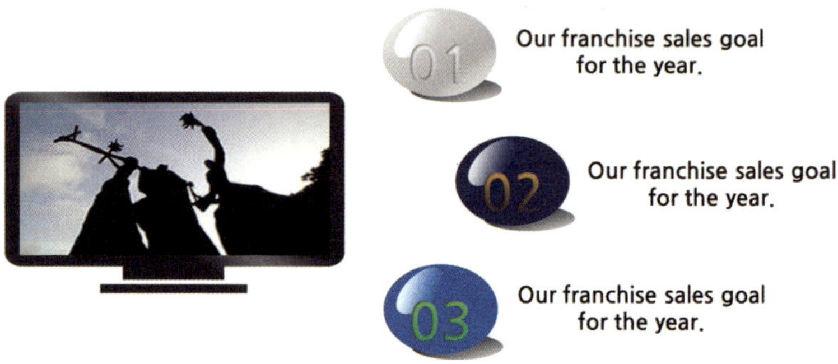

위의 PPT에서는 왼쪽 그림의 안정적인 구도에 오른쪽 세 가지의 글 중에 가운데 부분에 조화 속에 부조화의 재미를 주면서 전체적인 안정감 속에 흥미를 유발하고 있다. 이와 같은 구도는 균형미 속에 포인트를 더할 수 있기 때문에 매우 세련된 느낌의 구도라 할 수 있다.

Tip 이처럼 구도는 조화 속에서 생각해야 한다. 색상의 조화, 이미지와 글씨의 조화, 배열의 조화 등을 고려해서 가장 스토리를 부각시킬 수 있는 구도를 생각해야 한다. 지나치게 화려한 구도가 반드시 좋은 것은 아니라, 어떻게 하면 핵심 키워드를 바탕으로 하는 '스토리를 잘 부각할 수 있는가'에 대한 부분에 중점을 둬야 한다.

05 슬라이드 강조법

슬라이드를 강조하는 방법은 여러 가지가 있다.

글씨와 서체, 이미지, 색깔, 디자인, 애니메이션 등으로 강조를 할 수 있다.

아래는 표를 가지고 몇 가지 방법으로 강조하는 것을 얘기한다.

강조

1. 글자의 강조
2. 색상의 강조
3. 이미지의 강조
4. 애니메이션 강조

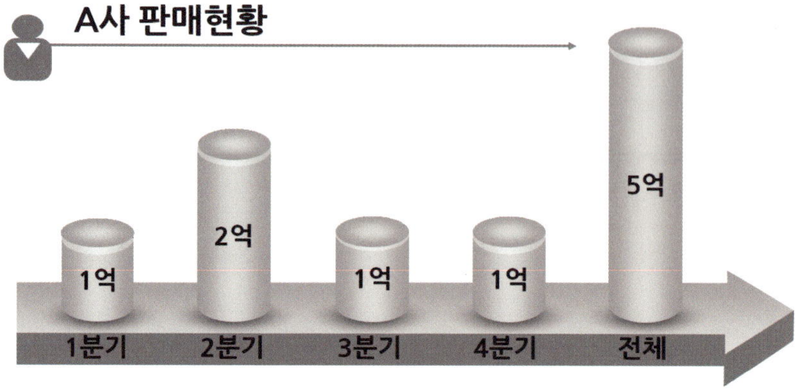

먼저 A사 판매현황이다. 지금은 그래프 상으로 특별히 강조가 된 부분이 없다.

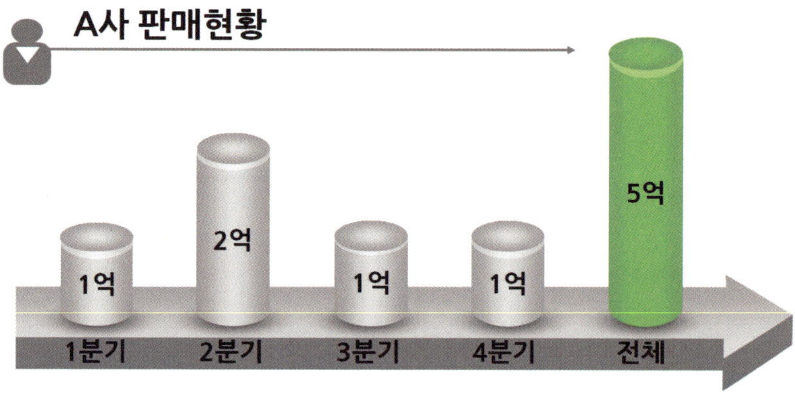

지금은 전체에서 5억을 녹색으로 강조해 보았다. 다른 막대그래프가 회색이다 보니 5억이 돋보이게 된다.

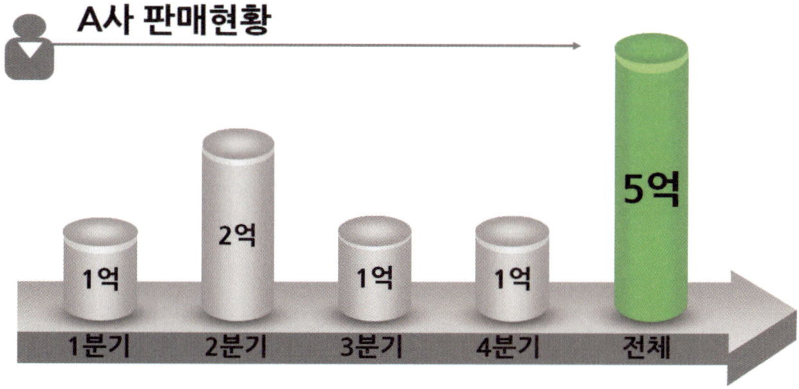

이번에는 녹색과 더불어 글씨를 크게 해서 강조했다.

조금 과장된 부분은 있지만, 어쨌든 전체에서 5억이 다른 막대그래프에 비해 부각되는 효과를 볼 수 있다.

다음은 글과 이미지를 활용해서 글의 내용을 강조하는 경우이다. 먼저, '돈이 많다고 행복한가?'라는 내용을 말한다. 그 다음 슬라이드는 글이 아닌 x라는 기호로 표시한다. 그러면 마치 영화의 편집기술처럼 '돈이 많다고 행복한 것이 아니다.'라는 느낌을 청중의 뇌리에 강하게 각인 시킬 수 있다.

돈이 많으면 반드시 행복한가?

다음은 강조하고자 하는 부분에 밑줄과 같은 표시로써 강한 느낌을 심어주는 형태도 있다.

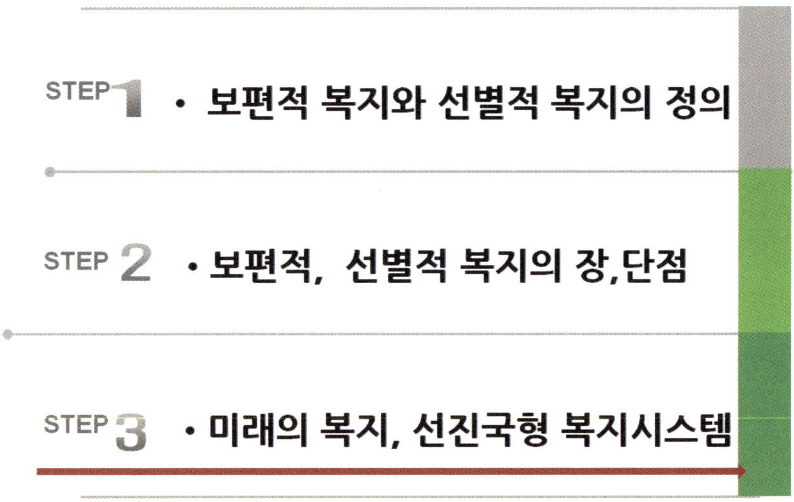

위의 다이어그램에서 세 개의 글을 놓고 맨 마지막 부분을 빨간 색으로 강조하고 있다. 그러면 두 개의 문장보다 마지막 부분이 강조가 될 수 있다. 여기에 애니메이션 효과를 넣으면 더욱 부각이 될 수 있다.

위의 이미지에서는 돋보기와 같은 이미지로 글씨를 부각하고 있다. 이러한 이미지로써 강조를 하는 방법은 세련미를 더할 수 있기 때문에 강조법으로 유용하게 활용할 수 있다.

Tip 하지만 강조 기법을 남용하거나 지나치게 사용하게 되면 오히려 전체적인 PPT를 방해할 수 있고 산만해질 수 있기 때문에 적절하게 사용해야 한다. 또한, 하나의 슬라이드에 가급적이면 하나의 강조를 하는 것이 좋다. 한 화면에서 강조하는 부분이 많게 되면 어떤 부분을 중점적으로 읽어야 하는지 헷갈리기 때문에 두 개 이상의 강조는 별로 좋은 방법이 아니다.

06 도표와 다이어그램의 활용

종류

1. 순서형
2. 설명형
3. 비교형
4. 도표형
5. 순환형

다이어그램은 표나 도형 등의 형태를 지닌 이미지를 말한다. 어떤 이야기를 하고자 하느냐에 따라 어떤 다이어그램을 활용할 수 있을지를 생각해 볼 수 있다. 또한, 지금의 추세는 다이어그램에 머무르지 않고 인포그래픽처럼 정보와 다이어그램을 혼합해서 활용하고 있기 때문에 다이어그램을 제대로 이해하고 상황에 맞게 사용하는 것이 중요하다.

먼저 순서형 다이어그램이다.

이러한 다이어그램은 조직도나 목차에서 쓸 수 있는 다이어그램이다.

선과 도형의 나열로 조직도의 느낌을 줄 수 있다. 예컨대 회사의 조직도를 설명하고자 할 때 어떤 부서에 어떤 팀이 있는지를 명료하게 설명할 수 있는 장점이 있다.

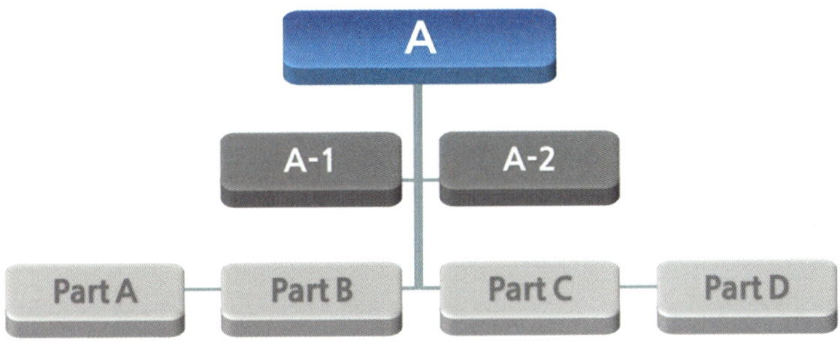

또 다른 순서형 다이어그램의 적용사례이다.

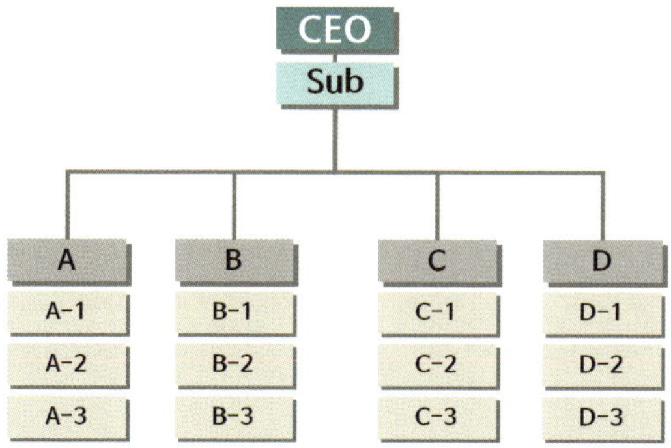

순서형 다이어그램은 조직도 외에 목차나 설명을 할 때도 활용할 수 있다.

이번에는 설명형 다이어그램이다.

설명형 다이어그램은 어떠한 내용의 설명을 일목요연하게 보여줄 때 좋은 다이어그램이다.

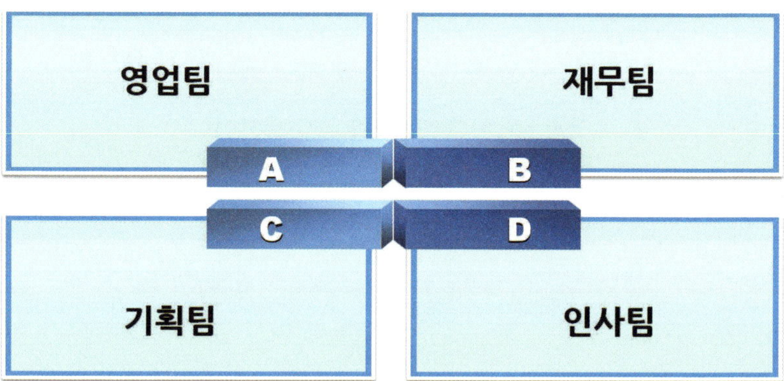

위의 다이어그램은 어떤 내용에 대한 설명을 상세히 나타낼 때 쓰이기 적합한 형태이다. 어떤 내용의 설명에 통일성이나 일관성을 얘기할 때 적합하다. 지금처럼 '부서'를 설명할 때 '영업팀', '재무팀', '기획팀', '인사팀'을 구별하거나 비슷한 느낌으로 설명할 때 적절할 수 있다.

이러한 다이어그램은 내용의 통일성을 설명할 때 좋은 형태이다.

예를 들어, '소비의 이유'를 설명할 때 '20대가 선호하는 이유', '30대', '40대' 등으로 설명을 덧붙일 때 좋은 다이어그램이다. 또는, 공통되는 소재를 가지고 분류를 할 때 적합한 다이어그램이다. 가령, '온라인 광고'라는 공통분모를 두고 '검색광고', '블로그', '콘텐츠' 등으로 분류할 때 좋은 형태이다.

다음은 비교나 대조의 다이어그램이다.

어떤 상품을 비교하거나 공통점과 차이점을 설명할 때 적합한 형태이다.

위의 다이어그램은 가령, 'A팀과 B팀의 비교'를 소제목으로 두고 설명을 할 때 A팀과 B팀의 공통점과 차이점을 한 눈에 볼 수 있어서 좋다.

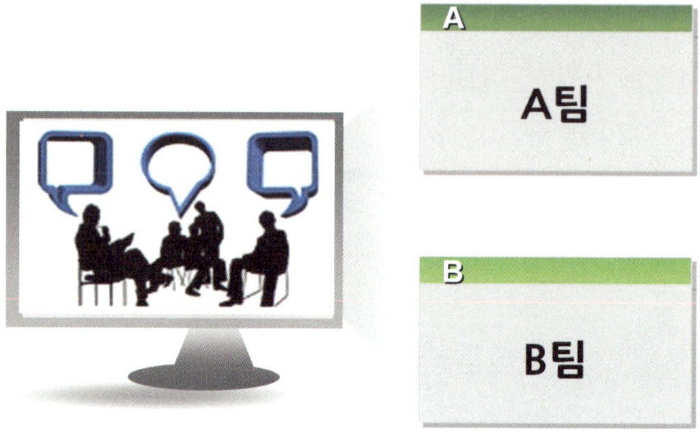

이 다이어그램은 모니터에서 시작해서 내용으로 이어지는 설명형 다이어그램이다. 광고나 전시 느낌을 표현할 때 적절하게 쓰일 수 있다. 다른 예로, '광고의 형태'를 설명할 때 '온라인', '오프라인'등으로 구별 지어 설명할 때 좋을 수 있다.

비교형 다이어그램은 아래와 같이 활용할 수 있다.

업무에 대한 비교를 가지고 영업 A팀과 B팀을 구별 지어 설명하고 있다. 특히 이미지로 입체적인 느낌을 심어주어서 보다 구체적인 설명을 도모하고 있다.

다음은 도표 다이어그램이다.

도표는 말 그대로 수치를 표현할 때 일목요연하게 볼 수 있는 형태이다.

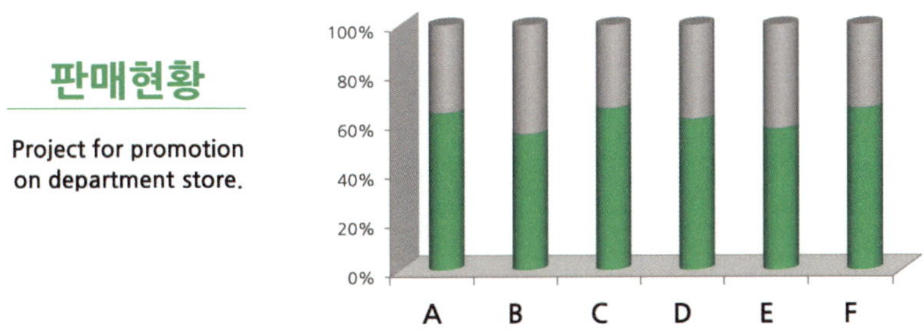

가령 'A사의 판매현황'이라는 소제목으로 '1분기', '2분기', '3분기' 등으로 한눈에 매출현황을 설명할 때 편리하다.

도표 다이어그램은 한눈에 보기 편하게 설명을 할 때 좋을 수 있다.

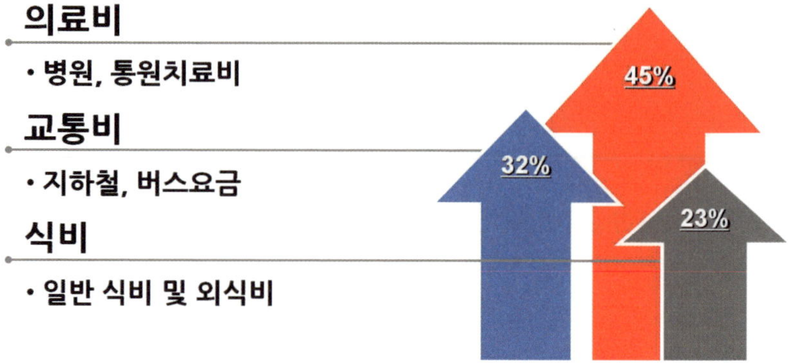

위의 다이어그램 역시 매출이나 실적을 설명하거나 통계를 설명할 때 좋은 다이어그램이다.

위의 다이어그램처럼 '소비'를 도표로 나타낼 때 '화살표'는 '퍼센트'를 그리고 '내용'은 의료비, 교통비, 식비 등의 품목을 설명하는 방법으로 구체적인 통계를 한눈에 보여주고 있다.

이처럼 다이어그램은 도형이나 도표와 같은 형태로 어떤 소재를 설명하거나 비교 또는 분류를 명확히 보여주기에 좋다. 파워포인트에서 '삽입'에 '도형'이나 '차트'를 클릭해서 본인이 원하는 대로 만드는 연습을 해야 한다.

다음은 순환형 다이어그램이다.

순환형 다이어그램은 가운데 이미지나 글을 중심으로 두고 원으로 중심을 둘러싸는 형태이다. 따라서 중심을 둘러싸는 서브의 형태를 보여줌으로써 일목요연하게 글이나 이미지를 설명하는 다이어그램이라 할 수 있다.

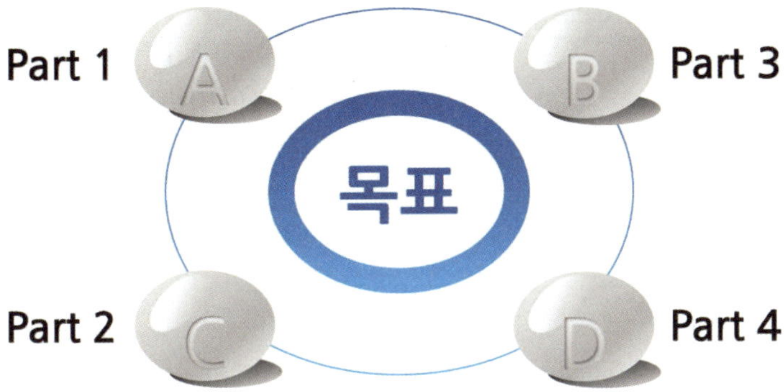

'목표'를 가지고 1~4의 파트가 목표 주위를 둘러싸고 있는 형태로 목표를 중심으로 나머지 파트들의 역할을 일목요연하게 설명하고 있다.

다음은 프로세스 형 다이어그램이다.

프로세스란 일련의 과정이나 절차를 나타내는 말로써 단계별로 어떠한 과정을 설명하기에 적합한 다이어그램이라 할 수 있다.

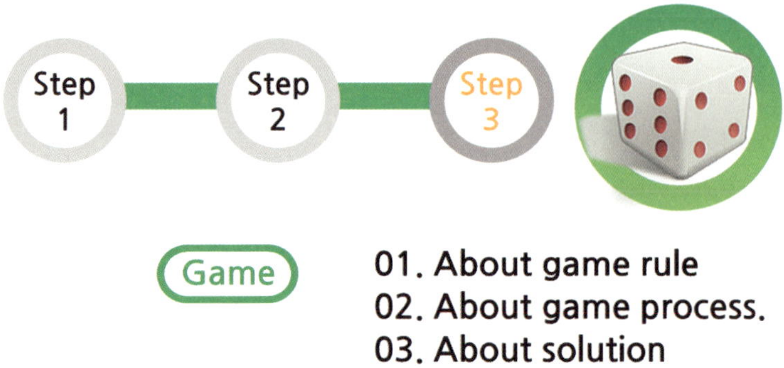

위의 다이어그램은 오른쪽 '주사위 게임'을 가지고 어떻게 단계별로 게임을 할 수 있는지에 대한 절차를 설명하고 있다.

위의 형태는 운동에 대한 부분을 '기초 훈련', '체력 다지기', '마무리 훈련'으로 단계를 구별해서 설명하고 있다.

그림형 다이어그램은 다음과 같다.

위의 형태처럼 그림 형 다이어그램은 그림이나 이미지로써 설명하기 때문에 입체적이고 구체적인 느낌을 심어줄 수 있다.

Tip 이처럼 다양한 형태의 다이어그램이 있다. 제목이나 소제목에 맞게 그리고 가장 적합한 형태의 다이어그램을 만드는 것이 중요하다. 너무 지나치거나 화려한 것보다는 소제목을 가장 적절하게 설명할 수 있는 다이어그램을 표현하는 것이 좋은 디자인이라는 것을 유념해야 한다.

07 애니메이션 효과

방법

1. 스토리에 맞게 구성
2. 3가지 이하로 사용
3. 정적, 동적 애니메이션을 구별
4. 강조되는 부분만 사용

애니메이션은 정적과 동적인 느낌, 직선과 곡선의 모양으로 나눌 수 있다.

애니메이션은 지루한 느낌의 디자인에 활력을 불어 넣을 수도 있고 특별한 부분을 강조하는 역할도 한다.

하지만 지나친 애니메이션이나 상황에 맞지 않는 애니메이션은 오히려 프레젠테이션을 방해하기 때문에 그러한 부분을 유념해야 할 것이다.

파워포인트에서 애니메이션으로 들어가면 다양한 형태의 애니메이션 효과를 만들 수 있다. 더욱 상세하게 애니메이션 효과를 지정하려면 사용자지정으로 들어가서 애니메이션 순서와 자세한 효과를 지정하면 된다.

정적인 효과는 주로 밝기나 색깔, 크기변화 애니메이션 효과를 들 수 있으며, 동적인 효과는 내밀기, 나타내기, 늘이기, 압축, 회전 등으로 효과를 나타낼 수 있다.

위의 도표의 경우 화살표의 순서와 효과로 인해 확연한 대비를 느끼게 할 수 있다. 예를 들어 주황, 노랑, 회색의 화살표를 '위쪽 늘이기' 효과로 지정하고 '이전효과 다음'에로 시작을 설정하게 되면 주황, 노랑, 회색의 순서로 애니메이션 효과가 나타난다.

이런 다이어그램의 경우 비교를 나타낼 수 있으므로 사람을 '나타내기' 효과로 '이전효과와 함께'로 순서를 적용하고 A와 B를 '밝기변화' 효과로 '이전효과 다음'으로 순서를 적용하면 비교를 확연하게 보여줄 수 있다.

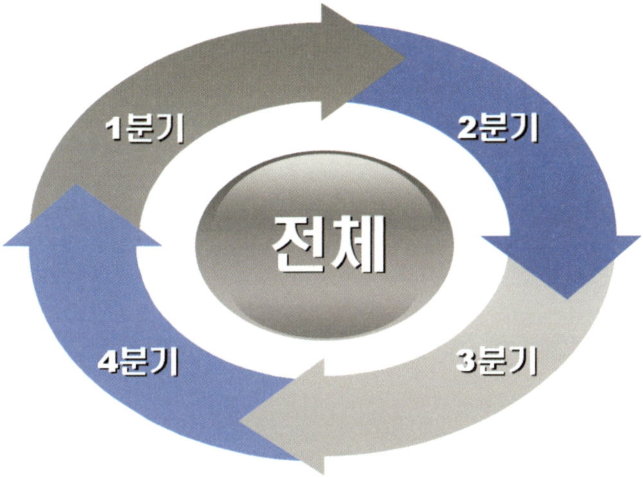

다음은 좀 더 역동적인 효과를 줄 수 있다. 중심 원을 '압축'이나 '밝기변화'로 효과를 적용하고 그 다음 순서로 나머지 화살표를 '회전' 효과로 적용하면 아주 역동적으로 효과를 나타낼 수 있다. 또는 중심 원을 '이동경로' 효과로 임의적으로 선을 만들면 사용자 마음대로 움직임을 줄 수도 있다.

Tip 이처럼 애니메이션 효과는 PPT를 보다 역동적으로 재미있게 연출 할 수 있지만 과유불급이라는 말이 있듯이 지나치면 오히려 프레젠테이션을 방해할 수 있으니, 최소한 꼭 필요한 경우만 하는 것이 좋다.

08 효과적인 슬라이드 이미지

슬라이드 배경과 이미지는 정말 다양하다.

그렇기 때문에 어떠한 프레젠테이션을 하느냐에 따라 슬라이드 배경의 느낌을 디자인하면 된다.

하지만 진부한 슬라이드 배경이나 의미가 없는 이미지는 무의미하다. 차라리 배경이나 이미지가 없는 슬라이드가 더 깔끔할 수 있고 청중이 내용에 집중할 수 있다. 그렇기 때문에 스토리에 맞는 배경 그리고 이야기를 돋보이게 할 수 있는 배경과 이미지이어야 한다는 점을 유념해야 한다.

PPT를 디자인할 때는 핵심키워드와 목차를 바탕으로 스토리에 맞게 유기적으로 해야 한다.

배경화면은 어떤 것으로 할지, 박스나 도표 등의 다이어그램은 어떤 느낌으로 만들지, 이미지와 동영상을 어디에 추가할지를 꼼꼼히 따져봐야 한다.

이때, 먼저 생각해 봐야 할 점은 그런 디자인들이 스토리를 더 돋보이게 하는 것인지 아니면 무늬만 화려한 장식인지에 대한 부분이다.

어떤 PPT를 보면 무척이나 화려하고 세련되어 보이지만, 내용을 오히려 방해하거나 내용은 좋지만 PPT가 너무 부실해서 핵심을 깎아 먹는 경우도 있다. 그렇기 때문에 좋은 PPT란 스토리를 유기적이고도 적절하게 받쳐줄 수 있는 디자인이어야 한다.

이미지

1. 스토리에 맞게
2. 스토리를 강조
3. 참신한 느낌

Tip 이미지를 생각할 때는 스토리에 적합한 진부하지 않은 참신한 느낌이어야 한다. 너무 많이 활용을 했던 이미지라든가 스토리에 적합하지 않은 그림이나 기호 등은 배제해야 한다. 또한, 화려하기만한 이미지는 오히려 스토리를 방해할 수 있기 때문에 반드시 핵심키워드와 스토리에 맞는 이미지를 찾고 그러한 느낌을 만드는 것이 중요하다.

먼저 인물이나 생물을 중심으로 하는 이미지이다. 사람과 동물의 경우 보다 생생한 느낌, 생동감 있는 느낌과 더불어 신뢰를 줄 수가 있다.

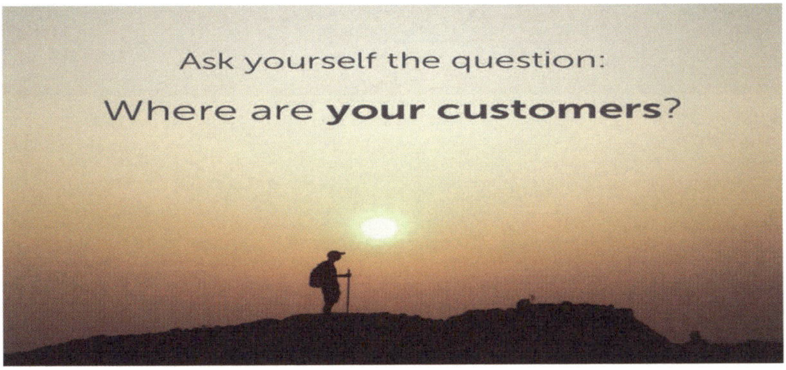

위의 그림은 자연을 이용한 배경과 이미지이다.

자연을 이용한 느낌은 편안함과 친근함을 줄 수가 있다.

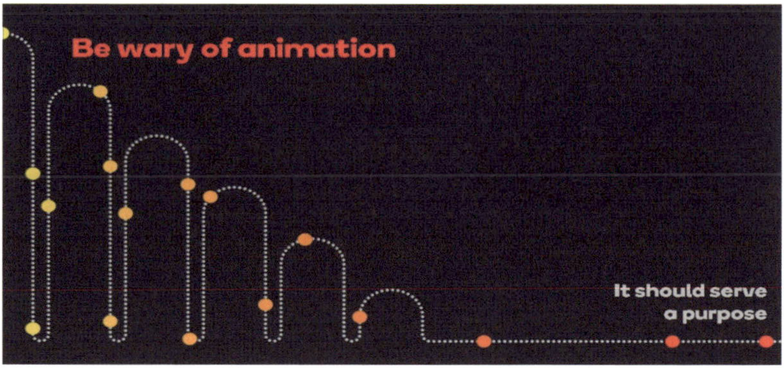

추상적인 느낌의 그래픽이나 이미지이다. 이러한 유형은 현대적이면서 감각적인 느낌을 제공해 줄 수 있다.

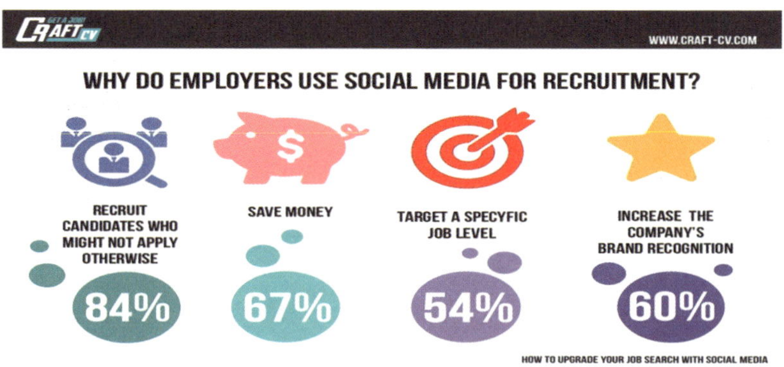

위의 그림은 기호를 이용한 이미지이다. 무언가를 직접적으로 설명하거나, 직적접인 느낌을 줄 때 사용하면 좋다. 또는 어떤 느낌을 표현하기 위해 기호를 사용해도 참신함을 줄 수가 있다.

위의 이미지는 이미지와 기호, 그래픽과 이미지를 접목한 느낌이다. 이러한 접목이미지는 신선함과 더불어 다양한 느낌의 메시지를 전달할 수 있는 역할을 할 수 있다.

위의 이미지는 사람의 뇌에 꽃의 그림을 합성한 형태로 아이디어에 대한 신선한 의미를 부여할 수 있다. 다양한 이미지나 글을 합성하여 주제나 전하고자 하는 메시지를 주는 것도 좋은 방법일 것이다.

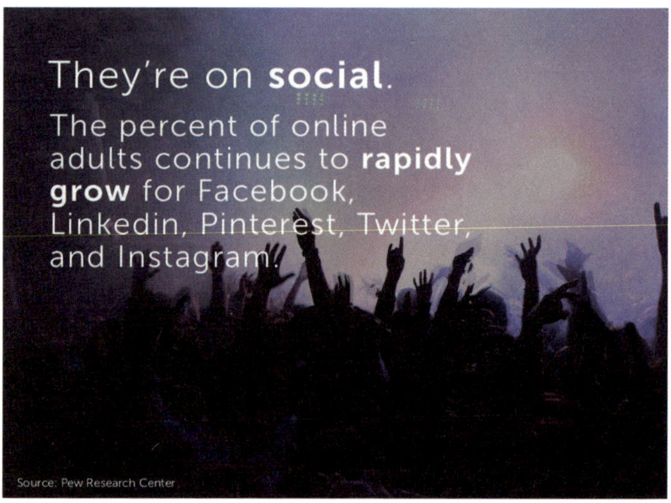

위의 이미지는 사람들이 열광하는 형태의 그림에 사회적 관계의 네트워크를 합성한 형태로 보다 감각적이고 강렬한 느낌을 전하고 있다.

이처럼 어떤 느낌의 PPT가 필요한가에 따라 그리고 전체적인 핵심이 무엇이냐에 따라 템플릿 배경이 달라질 수 있다.

무조건적인 화려하고 세련된 느낌보다 이야기가 무엇이냐에 따라 적합한 배경을 선택하는 것이 가장 최우선임을 상기하라.

09 다양한 디자인

디자인을 만들 때 주의해야 할 점은 얼마나 이야기를 잘 살릴 수 있는지 그리고 이야기를 돋보이게 하는 디자인이 무엇인 지이다.

PPT 디자인은 발표자 중심인지 또는 PPT 중심인지 그리고 정보가 위주인지 판촉이 위주인지에 따라 디자인의 느낌이 달라질 수 있다.

가령, 이야기가 정해지면 스토리보드 그리고 레이아웃을 생각해야 하고 거기에 맞는 템플릿과 색상, 글씨체, 비율 등을 총체적으로 생각해야 한다.

위의 템플릿은 연극이나 퍼포먼스, 뮤지컬, 무용 등에 어울리는 배경이미지이다. 또는 예술적인 느낌을 주고 싶을 때 사용해도 적합할 수 있다.

또한, 다양한 주제나 소제목에도 활용해도 창의적인 느낌을 줄 수 있다. 가령, '창의성'이나 '방향성' 등의 주제를 얘기할 때 사용해도 좋을 수 있다.

이미지를 왼쪽에 두고 글을 오른쪽에 배치했을 때는 이미지가 더 각인될 수 있기 때문에 이미지의 선정이나 배치에 더욱 신경을 써야 한다.

사회가 급변하고 있고 사람들도 점점 생각이 빨라지고 있는 만큼, 이미지나 제목을 보고 PPT의 느낌을 상상할 수 있을 정도로 처음 화면은 중요하다.

이미지의 크기와 글씨의 크기에 대해 생각해보자. 위의 그림에서의 이미지와 글씨의 크기는 적당하다고 할 수 있다. 만약 이미지의 크기가 너무 커 버리면 오히려 제목에 대한 가독성을 방해하기 때문에 비효율적일 수 있고, 제목이 지나치게 크면 부담스러울 수 있기 때문에 그러한 점을 유의해서 디자인을 하는 것이 좋다.

다음은 색감에 대해 얘기해보자. 위의 디자인에서는 검은색을 위주로 해서 이미지는 짙은 회색에 가깝게 글씨는 진한 검정색의 투톤 형식이다. 여기서 이미지를 블루나 레드 계통의 색감을 주는 것도 나쁘지는 않을 것 같다. 다만, 채도가 너무 강하면 지나치게 선명해서 오히려 글씨의 가독성을 방해할 수 있기 때문에 그 점은 주의해야 할 것이다.

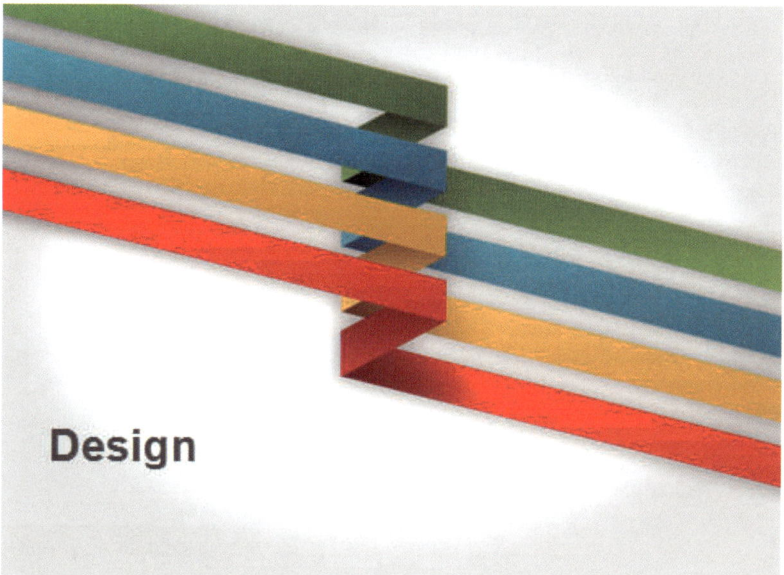

이번 디자인은 화려하면서 깔끔한 느낌으로 디자인을 설명하고 있다. 특히 형형색색의 느낌을 일정한 형태의 선으로 보여줌으로써 세련미를 더 하고 있다.

또한, 사선의 구도를 통해 역동성을 가미하고 글을 왼쪽 하단에 배치함으로써 전체적인 재미를 더하고 있다. 가령, 글이 가운데로 가 있거나 아니면 위쪽에 있으면 오히려 평범한 느낌을 줄 수도 있는데 사선구도에 맞게 글의 배치 역시 재미있는 조화를 이루고 있는 디자인이라 할 수 있다.

이처럼 구도를 생각하면서 디자인을 할 때는 글과 이미지의 조화를 비롯해서 색감과의 조화 역시 균형을 고려하는 것이 중요하다.

때에 따라서 안정감 있는 디자인이 필요할 수도 있고, 신선한 느낌의 디자인이 어필할 수도 있다. 그것은 발표자가 디자인을 하면서 어떤 부분은 청중에게 부각할 것인지에 따라 달라질 수 있는 점이다.

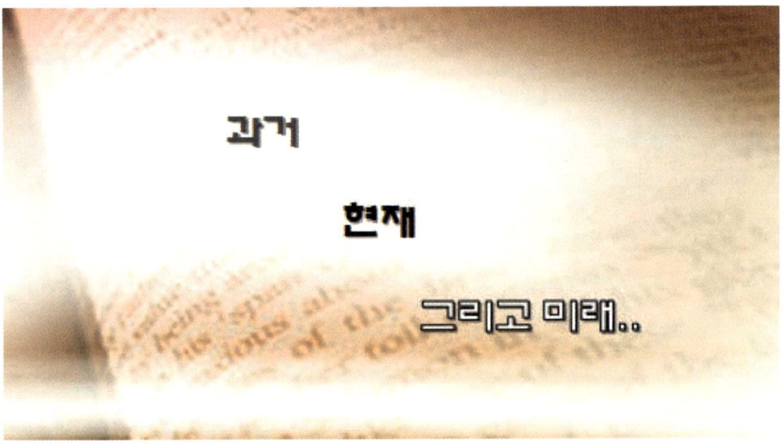

위의 디자인은 구도의 중심을 현재라는 글씨에 맞춰두고 과거와 미래의 느낌을 흘러가는 것처럼 보여주고 있다. 또한, 글씨의 색을 과거는 회색, 현재는 검정, 미래는 검은색 테두리에 흰색으로 톤 처리를 했다. 전체적으로 배경은 영어의 단어들이 연속적으로 흘러가는 느낌을 주면서 시간의 연속성을 부각하고 있다. 전체적으로 시간의 배경과 글씨의 느낌을 자연스럽게 조화시킨 디자인이라 할 수 있다.

글씨의 크기를 과거, 현재, 미래에 맞춰서 달리하는 것도 좋은 방법일 수 있다. 어느 부분을 강조하느냐에 따라서 강조부분의 가독성을 고려하는 것도 괜찮은 방법이다.

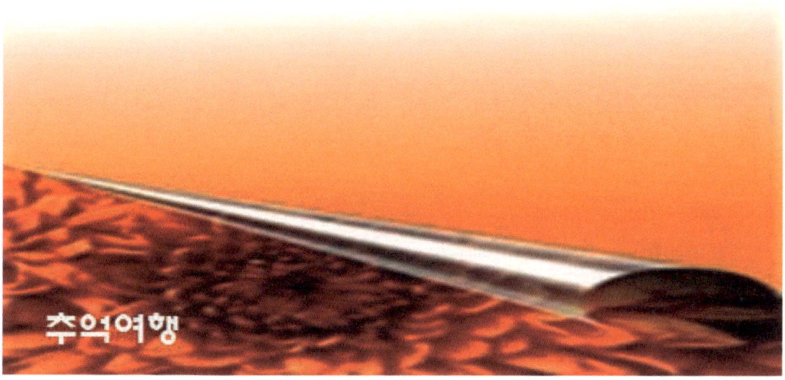

위의 디자인은 전체적인 주황의 색감에 윗부분을 밝기의 변화를 주어서 아련함을 주고 있다. 또한, 이미지를 벗겨내는 느낌으로 다른 시간과 공간의 느낌을 주고 있다. 글씨의 색감은 흰색으로 전체적으로 깔끔하게 구성한 디자인이다. 만약, 글자의 색이 검정이라면 이미지가 주는 아련함을 퇴색시킬 수도 있다.

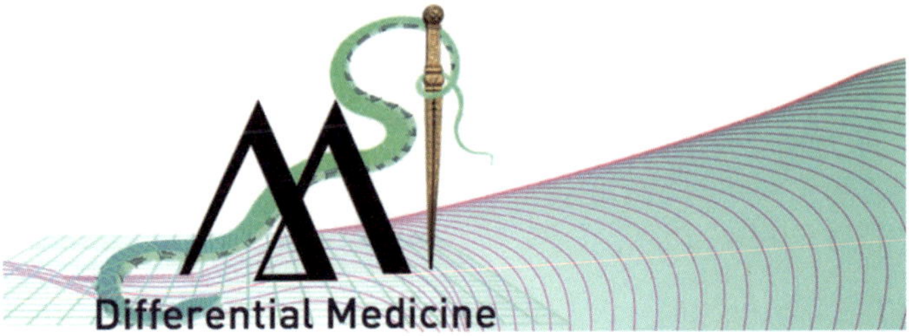

위의 디자인은 세련되면서 모던하다. 현대적이면서 깔끔한 스타일을 원할 때 이런 느낌의 배경이미지도 좋을 것 같다. 아래 부분의 선을 중심으로 하는 그래픽 이미지와 그래픽 위에 상징적인 기호를 바탕으로 하는 느낌이 제목처럼 다양성을 주고 있다. 사업계획서나 현대적인 감각을 요하는 PPT를 사용할 때 적합하다.

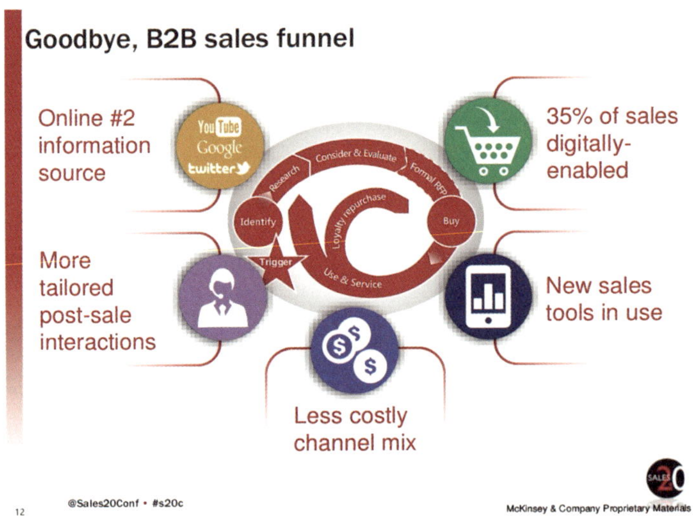

위의 PPT 디자인은 사업계획서나 투자설명회 또는 협력관계가 필요할 때 사용하기에 적합한 템플릿 이미지이다. 원형 다이어그램을 통해 구도의 중심을 두고 나머지 인포그래픽을 통한 구체적인 설명을 하고 있다. 원형 다이어그램이 중심이기 때문에 글씨 또한 빨간색을 위주로 해서 통일성을 주고 있다. 이러한 디자인은 비즈니스나 설명을 요할 때 적용해도 좋은 느낌이다.

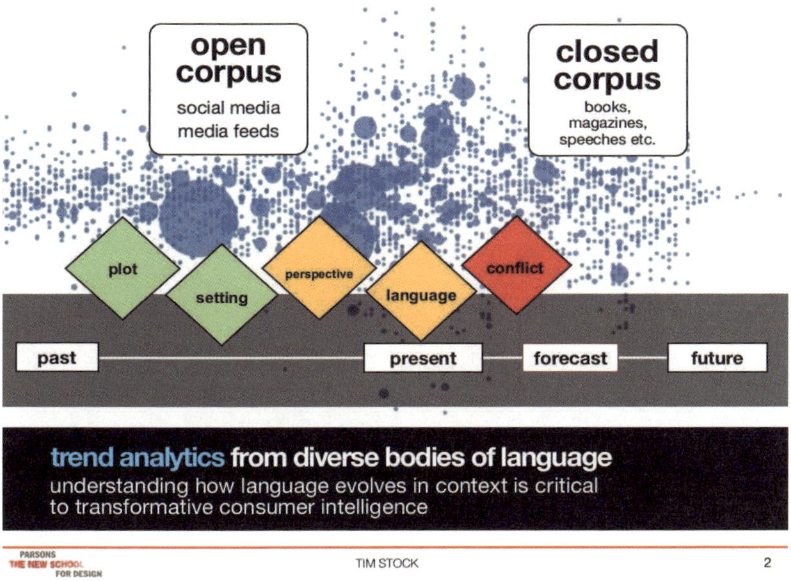

위의 디자인은 미적인 감각을 강조하기 위해 마치 흩어뿌리기와 같은 기법처럼 파스텔 톤으로 배경처리를 한 것이 눈에 띈

다. 그 흩어뿌리기와 같은 처리기법을 배경이미지로 하고 언어에 대한 분석을 도형이미지로 처리해서 PPT에서 나타내고자 하는 언어 기법의 다양성에 대한 느낌을 잘 구현하고 있다.

자칫, 다양한 색상으로 산만해 질 수 있는 것을 회색과 검정톤의 글씨로 깔끔하게 내용을 보여주고 있는 것도 좋은 부분이라 할 수 있다.

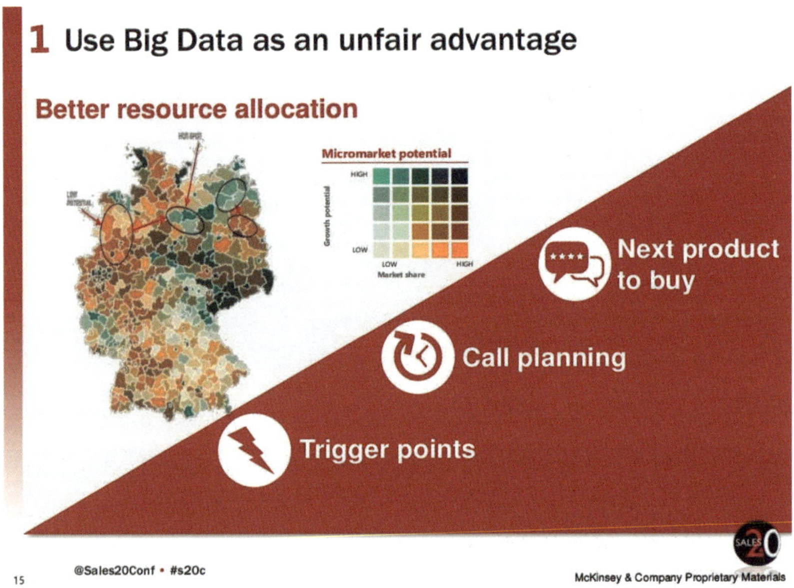

위의 느낌은 빨강의 우아함과 하얀색의 심플한 느낌을 살려 디자인을 했다. 그래서 설명을 부각하는데 있어 세련미와 모던

함을 더했다. 또한, 화면을 사선으로 나누어 왼쪽에는 이미지로써 상징을 오른쪽에는 인포그래픽으로 설명을 주어서 전체적으로 깔끔한 대비와 구도를 보여주고 있는 디자인이다.

또한, 전체의 느낌을 빨강으로 하고 글씨와 이미지를 하얀색으로 나타냄으로써 이미지의 순백의 느낌과 글씨의 깔끔한 느낌을 잘 살리고 있다.

만약, 위의 디자인에서 글씨를 흰색 외에 다른 색을 사용했다면 가독성과 함께 조화를 깨뜨릴 수 있는 가능성이 있다.

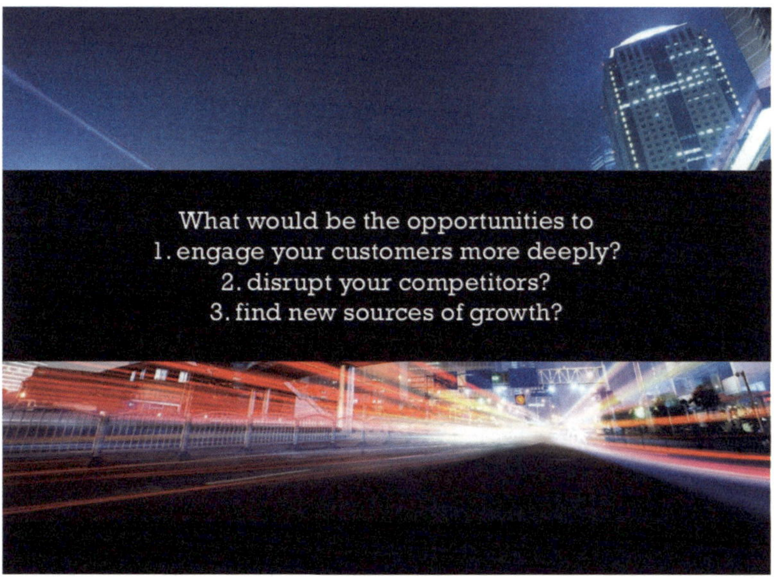

위의 느낌 역시 모던한 현대적인 느낌으로 감각적인 디자인을 했다. 특히, 전체배경을 푸른색의 그래픽 디자인을 토대로 검정색의 테두리에 흰색의 글씨로써 하는 감각이 돋보인다. 그래픽의 느낌과 글씨가 조화를 이루어 세련된 느낌을 심어준다.

가운데 검은색의 느낌으로 테두리를 줘서 제목을 부각시키고 있다. 만약, 검은색이 아닌 다른 색으로 구성했다면 개성은 있지만 모던하면서 깔끔한 느낌은 반감 될 수 있을 것이다.

만약 검은색 띠가 위에 있어도 균형 면에서는 나쁘지 않을 수 있다. 그때는 그림이 더 강조될 수 있다. 하지만 띠가 아래에 배치되어 있다면 느낌은 달라질 것이다. 그림의 강함이 점점 아래로 증폭되어 있기 때문에 만약 띠가 아래에 배열되어 제목을 이룬다면 제목과 그림 모두 조화롭지 않을 수 있다.

이처럼 디자인에서는 색감과 더불어 구도와 조화가 매우 중요하다. 이는 평소 미술에 대한 조예가 필요하기 때문에 전시회나 사진 등 다양한 예술작품을 통해 안목을 키우는 것이 중요하다.

구도와 더불어 색상의 배치와 조화도 매우 중요한 부분임을 위의 디자인을 통해서 알 수가 있다.

위의 디자인은 구도의 중심을 오른쪽으로 하고 배경의 이미지에 조명효과와 스크래치 기법을 활용해서 강렬하게 글을 부각시키고 있다. 위의 디자인이 강렬하고 세련되어 보이는 이유는 흰색과 검은색의 대비와 태양에서 뿜어져 나오는 강렬한 햇살느낌의 스크래치를 주어서 글을 강조하고 있기 때문이다.

또한, 흰색의 배경에 검은색 글씨와 배경의 강렬한 느낌과 잘 조화를 이루고 있어서 전체적인 균형과 색감의 배치도 좋다고 말할 수 있다.

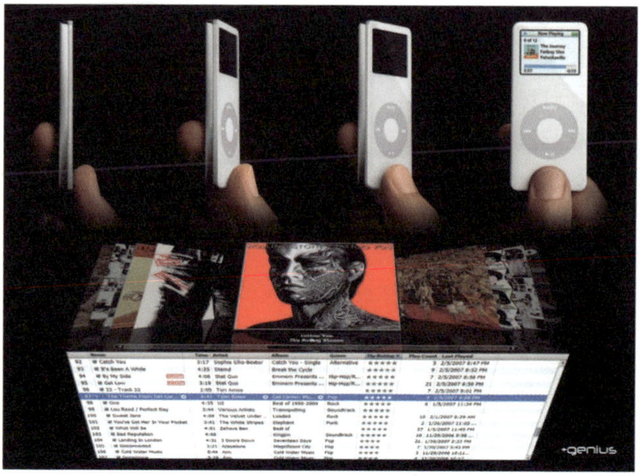

마케팅전략을 얘기하는데 다양한 사례로 설명했다. 사진을 보여주고 그 사진에 대한 설명을 함으로써 청중에게 분명한 예를 보여준다. 사진의 경우보다 생생한 느낌을 시각적으로 보여줄 수 있기 때문에 설명이나 예시를 보여줄 때 좋은 방법 중의 하나이다.

위의 디자인이 세련되어 보이는 이유는 검은색의 깔끔한 배경에 흰색 계열의 이미지로 선명도를 높인 부분도 있지만, 아래 다이어그램을 회전을 주어 감각적인 느낌을 더하고 있기 때문이다.

사진 이외에 동영상으로 보여주는 것도 시간이 허락이 된다면 보다 더 구체적인 설명이 될 수 있기 때문에 그러한 점도 고려하는 것이 좋다.

이때 사진이나 동영상으로만 구성할지 아니면 글과 함께 구성을 할지는 슬라이드의 개념에 따라 달라질 수 있기 때문에 적절한 선택을 하는 것이 좋다.

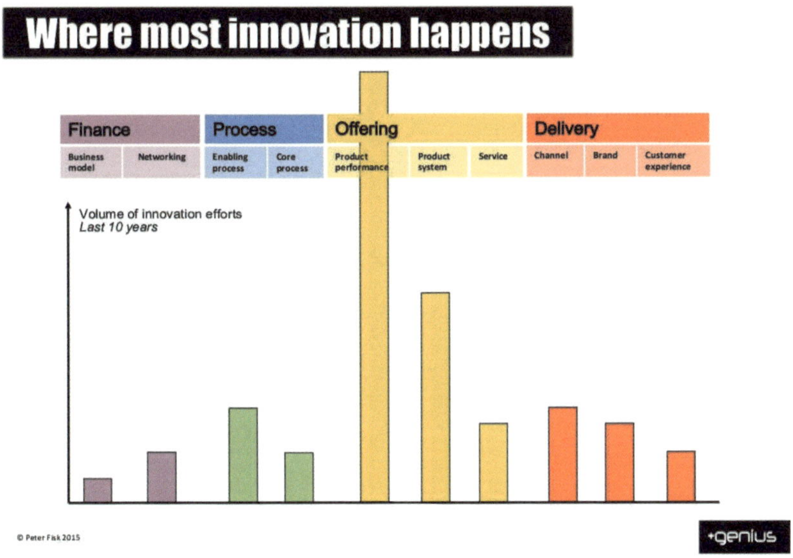

회의나 업무보고를 할 때 많이 쓰는 디자인의 형태이다. 한 슬라이드에서 하나의 강조를 하는 것이 이상적인 방법이지만, 회의나 보고를 할 때는 아무래도 시간이 중요하기 때문에 얼마나 정확하고 깔끔하게 디자인을 하고 설명하는가가 중요한 역할을 한다.

특히, 업무보고에서는 표가 많이 들어가는 만큼 보기 쉽게 정렬하는 것도 중요하다. 간혹 발표력은 좋은데 레이아웃이 엉성하거나 글씨의 배열이 불규칙해서 설득력이 떨어지는 경우도 있으니 주의해야 한다. 또한, 한 화면에 표가 두 가지 이상을 차지하거나 엑셀과 같은 작업이 들어갈 때는 최대한 깔끔하게 보여줘야 하기 때문에 조잡하게 모든 것을 보여주기보다는 중요한 부분을 확대해서 보여주거나 아니면 밑줄이나 색상을 달리해서 보여주는 것이 가독성을 높일 수 있다.

위의 PPT는 사업배경을 도표와 함께 설명하는 디자인이다. 도표와 같은 다이어그램은 청중들에게 빠른 이해를 돕는 데 많은 도움이 될 수 있으므로 비교나 설명을 할 때는 적극적으로 이용하는 것이 좋다. 이번 디자인은 사업배경을 도표로 도식화해서 명료하게 매출액에 대한 설명을 해준다.

또한, 이때는 애니메이션을 활용해서 강조하려는 도표를 돋보이게 하는 것도 중요하다. 그리고 가독성을 잘 보이기 위해 색상을 잘 신경 써야 한다.

이런 도표에서 애니메이션을 활용할 때는 강조하려는 사항과 품목을 생각해야 한다. 애니메이션을 도표에서 너무 화려하게 사용하게 되면 어떤 것을 강조하는지가 불분명해지기 때문에 오히려 핵심을 흐리게 할 수도 있다.

그렇기 때문에 핵심을 잘 보일 수 있도록 깔끔하면서 인상적으로 색상이나 글자 크기 또는 애니메이션 등을 활용하는 것이 중요하다.

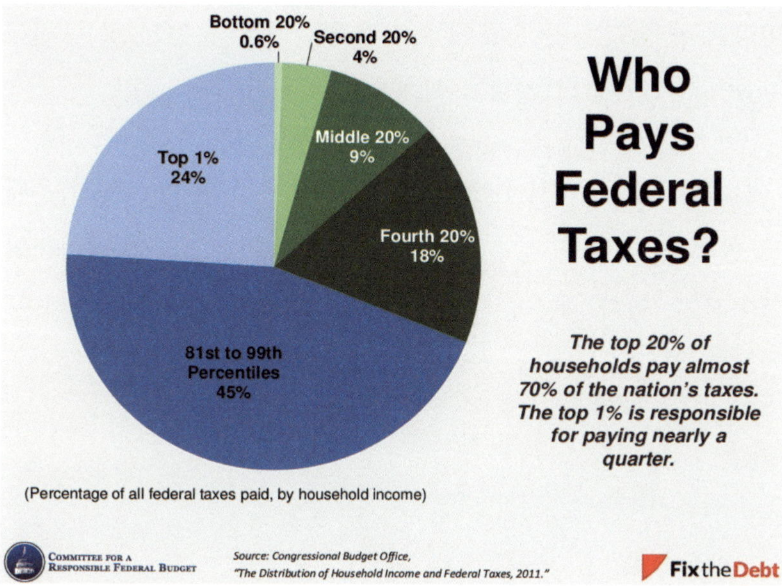

역시 회의나 보고를 할 때 많이 쓰는 디자인의 형태이다.

위의 디자인에서 눈에 띄는 부분은 원형 중심의 레이아웃 구성이다. 원형 구도 경우 집중을 유발할 수 있기 때문에 위의 디자인처럼 원형 도표 다이어그램으로 화자가 말하는 정책에 대해 흥미를 높일 수 있다.

그리고 색상의 배열이 블루, 회색, 초록색 이렇게 세 가지로 구성하고 있기 때문에 산만하지 않고 깔끔한 느낌을 주고 있다.

또한, 글씨의 가독성 부분에서 원형 다이어그램 내에 글씨는 바탕색의 명도가 높은 곳에는 검정으로 채도가 높은 곳은 흰색으로 나열함으로써 전체적인 가독성과 통일성을 높였다.

마지막으로 글씨의 배열 역시 중요하다. 어떤 부분은 가운데로 쏠려 있고 다른 부분은 왼쪽으로 정렬되어 있으면 설득력이 떨어질 수 있기 때문에 배열에 대한 부분도 통일성을 갖춰서 구성하는 것이 중요하다.

10 실전 디자인

PPT 디자인을 할 때 핵심 포인트는 다음과 같다.

포인트

1. 한 슬라이드에 하나의 강조
2. 세 가지 이내에서 색상 배치
3. 애니메이션은 두 가지 이내로
4. 레이아웃과 글씨의 통일성

먼저, 한 슬라이드에 하나의 강조를 원칙으로 해야 간결하고 명확한 설득을 할 수 있다. 물론 회의의 경우 시간이 촉박하기 때문에 부득이하게 한 슬라이드에서 두, 세 가지의 강조를 하는 경우도 있다. 또한, 색상이 세 가지가 넘어가면 산만해질 수 있기 때문에 가급적이면 레이아웃과 통일성에 맞춰서 세 가지 이내로 구성하는 것이 좋다.

애니메이션의 경우도 세 가지를 넘어가면 산만해 질 수 있다. 보통은 밝기변화와 같은 애니메이션이 깔끔하다. 필요에 따라 압축이나 닦아내기와 같은 애니메이션도 가독성을 높이는 역할을 할 수 있다.

이제부터는 본격적으로 비교를 통해서 실전 PPT디자인에 대해 얘기해보자.

위의 내용은 프렌차이즈 사업에 대한 PPT이다. 원형 도형의 크기와 유기적인 구성을 통해 프렌차이즈의 연결성을 보여주는 디자인이다. 이때, 너무 많은 다이어그램으로 구성한다면 오히려 산만해질 수 있기 때문에 핵심적인 이미지와 소개를 넣는 것이 효과적이다.

또한, 색감을 생각할 때도 세 가지를 넘어갈 때는 조금 산만해질 수 있기 때문에 그러한 점도 유념해야 한다.

위의 PPT는 검은색과 회색을 이용한 깔끔한 느낌을 준 디자인이라 할 수 있다. 도형의 사선구도와 글이 만나 안정감을 주고 있다. 다만, 조금 획일화된 느낌과 예상이 가능한 진부한 구도이기 때문에 신선함과 참신성을 원한다면 아쉬움이 남는 디자인이다.

위의 PPT에서 가운데 파란색 도형을 사선구도에서 살짝 위쪽으로 이탈함으로써 안정감 속에 재미를 심어주고 있다. 또한, 두 개의 파란색 도형이 큰 회색 원형 도형으로 융합되는 느낌을 주고 있어 조화와 재미를 주고 있다. 이처럼 하나의 다이어그램이나 배치가 구도나 조화에 중요한 역할을 할 수 있다.

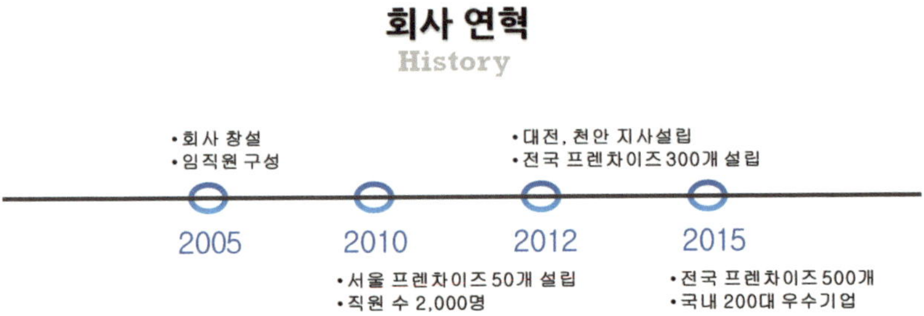

위의 디자인은 회사연혁에 대한 부분을 위쪽에 중심을 두고 밑쪽에는 티를 통한 다이어그램으로 역사의 연속성을 더해주고 있다. 그래서 전체적인 구도나 조화가 매끄럽다. 다만, 다이어그램 부분의 설명을 나타내는 부분이 굴림 글씨체로 인해서 가독성이 떨어진다. 굴림이나 명조는 가독성이 떨어지는 부분이 있기 때문에 볼드처리가 된 고딕체가 적합할 수 있다. 또한, 밑쪽에 회사 연혁을 통과하는 띠의 색상을 회색으로 처리한 것은 전체적인 통일성을 떨어뜨리고 있고 원형 도형 앞쪽으로 띠가 나온 것 역시 아쉬움이 남는다.

글씨의 가독성을 높이기 위해 고딕체로 설명부분을 설정해 놓으니 훨씬 보기 편리해졌다. 또한, 밑쪽에 띠를 회사 연혁과 같은 블루 계통의 색상으로 처리하고 원형 도형 뒤쪽으로 배열하니 훨씬 통일성이 있어 보인다.

위의 디자인은 부서의 구분을 원형 다이어그램을 통해 나타내고 있다. 전체적인 회색을 바탕으로 부서에 대한 색감을 개성있게 설명하고 있다. 다만, 부서에 대한 이미지를 전체적으로 회색으로 나타내고 있어 심심한 부분이 있다.

부서에 대한 이미지와 도형을 각각의 개성을 살려서 색감을 표현함으로써 전체적인 균형미와 재미를 더하고 있다.

위의 디자인은 매출분석에 대한 부분을 14년과 15년으로 나눠서 설명하고 있다. 매출분석에 대한 원인을 하나씩 열거해서 쉽게 이해를 도모하고 있다. 원형과 직사각형의 심플함으로 전체적인 안정감을 주고 있다. 하지만 전체적인 느낌을 회색으로 맞추다 보니 너무 단순한 느낌이다. 또한, 글씨 역시 굴림 서체로 인해 가독성을 떨어뜨리는 원인이 되고 있다.

두 개의 원형 다이어그램을 회색으로 처리하고 네모 다이어그램을 블루와 레드로 색감을 주니 통일성과 개성이 모두 살아났다. 또한, 오른쪽과 왼쪽 다이어그램 사이에 수직 띠를 넣으니 두 개의 다이어그램을 구분 짓는 것과 동시에 미적인 감각도 추가된 느낌이다. 마지막으로 글에 입체감을 주어 전체적인 가독성을 높이면서 완성도를 주고 있다.

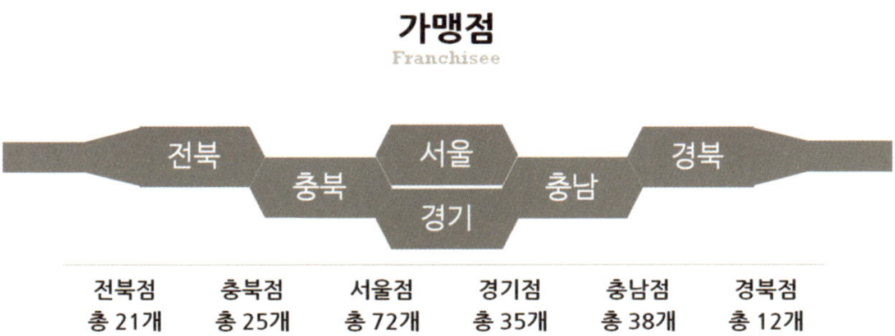

가맹점에 대한 설명이다. 전체적으로 수평적 구도로 안정감을 주고 있다. 또한, 색감을 회색으로 하여 통일성을 주고 있다. 다만, 가맹점들의 개성을 살리지 못한 부분이 아쉽다. 전체적인 안정감과 통일성은 있지만 재미가 부족한 디자인이다.

가맹점

Franchisee

전북점	충북점	서울점	경기점	충남점	경북점
총 21개	총 25개	총 72개	총 35개	총 38개	총 12개

메인 색감을 회색, 나머지는 가맹점들의 개성을 살려 보았다. 그랬더니 안정감과 재미를 동시에 느낄 수 있다. 또한, 수평적 구도가 아닌 서울을 중심으로 타원형 구도로 바꿔보니 더욱 집중과 안정감을 느낄 수 있다. 레이아웃을 생각할 때 윗부분과 아랫부분은 수평으로 중간 부분을 타원형으로 하여 세련미를 더하고 있다.

Tip 이처럼 이야기의 구성에 따라 또는 프레젠테이션의 취지에 따라 디자인의 형태가 달라질 수 있다. 때로는 화려하게 때로는 깔끔하게 이야기를 돋보일 수 있는 디자인을 하는 것이 그 무엇보다 중요한 부분임을 유념해야 한다. 디자인은 프레젠테이션의 스토리와 유기적으로 연결되어야 한다. 아무리 디자인이 화려하고 훌륭하다고 해도 스토리를 죽이거나 또는 스토리와 관계없는 디자인을 구성한다면 그 프레젠테이션을 성공했다고 결코 얘기할 수 없다. 좋은 프레젠테이션을 위해서는 스토리보드부터 디자인을 만드는 과정이 유기적으로 치밀해야 한다. 마치 톱니바퀴가 제대로 물려가듯이 그렇게 디자인은 구성이 되어야 한다.

Part 4.

프레젠테이션 발표

01
발표자가 대통령

발표자

1. 명확한 내용 전달력(음성, 발음)
2. 생동감 있는 화술(음의 강약, 고저, 강조)
3. 시선처리와 제스처(시선, 정적, 동적 움직임)
4. 유연한 태도(질의응답, 유연한 대처)
5. 비언어적 설득과 논리적 설득

아무리 이야기가 좋고 디자인이 좋더라도 발표자의 전달력이 약하게 되면 그 프레젠테이션은 도로 아미타불이 된다.

가령, TV프로그램을 예로 들자.

좋은 PD가 뛰어난 역량의 작가와 좋은 프로그램을 만들었다고 하자. 하지만 그 프로그램을 진행하는 MC의 능력이 부족하다면 그 프로그램은 절대 성공할 수 없다. 물론 프로그램이 좋아야 하지만 그 자료를 시청자에게 전달하는 MC의 능력여하에 따라 프로그램의 시청률이 달려있다고 해도 과언이 아니다.

일단 프레젠테이션의 발표자에게 필요한 것은 '전달력'이다. 아무리 좋은 내용도 들리지 않거나 무슨 말을 하는지 알아들을 수 없다면 청중은 답답함을 느끼게 된다.

또한 좋은 내용을 갖고 좋은 음성으로는 발표하지만 재미가 없는 경우가 너무 많다. 그 이유는 발표자가 리듬과 템포 없이 즉, 말의 고저와 강약 그리고 강조 없이 얘기를 하기 때문이다.

시선처리 역시 중요하다.

시선이 분산되어 있거나 청중을 쳐다 볼 때 자신감이 없으면 청중역시 발표자를 집중하지 않을뿐더러 신뢰감도 생기지 않게 된다.

따라서 청중을 진심어린 눈으로 자연스럽게 쳐다보는 것이 중요하다. 그리고 사람이 많고 적더라도 한명 한명씩 눈을 맞추며 얘기하고자 하는 부분이 필요하다.

물론 사람이 너무 많으면 일일이 쳐다보기가 힘들다. 그때는 그룹을 져서 그 중에 반응이 좋은 사람들을 쳐다보며 공감을 얻어야 한다.

제스처는 프레젠테이션에 생동감을 불어 넣어준다. 프레젠테이션을 할 때 청중을 주목시키거나 또는 설명할 때 적재적소의 제스처는 화술의 리듬과 템포와 더불어 발표자의 설득력을 높이는 중요한 부분이다.

이제는 프레젠테이션이 단순한 설명으로 끝나지 않고 청중에게 즐거움을 넘어 감동을 심어주는 역할을 한다.

그러기 위해서는 프레젠테이션이 발표가 아닌 퍼포먼스가 되어야 하고 발표자는 마치 공연을 하듯이 프레젠테이션을 생각해야 한다.

그러한 의미에서 발표자의 음성과 화술, 시선처리와 제스처는 마치 관객에게 재미와 감동을 주는 배우의 행동과 같다고 볼 수 있다.

02 신뢰를 주는 소리와 표정

연극이나 영화를 보다보면 화면보다 먼저 들어오는 부분이 있다. 그것은 바로 소리이다. 소리는 시각보다 설득력을 심어 줄 수 있다.

가령, 우리가 어떤 물건을 살 때 상담원과 통화를 할 때 가장 들어오는 것이 무엇인가? 그의 태도인가? 아니면 그의 설명인가? 바로 목소리다. 상대방을 설득할 때 가장 중요한 부분은 신뢰감을 줄 수 있는 목소리이다.

남성이나 여성의 경우 모두 신뢰감을 주는 목소리는 울림이 있는 중저음의 목소리이다. 물론 성우처럼 소리를 내는 것이 아니라, 소리를 깊은 곳에서 내서 청중에게 신뢰감을 주라는 것이다. 그러려면 횡격막을 이용해서 호흡을 해야 하고 소리를 내야 한다.

배꼽을 기준으로 두 손가락 밑 부분을 단전이라 하고 두 손가락 위 부분을 횡격막이 있는 위치라고 할 수 있다.

단전에 중심을 두고 호흡을 들여 마실 때 횡격막을 이완시키고 호흡을 내 뱉을 때 횡격막을 수축시키는 훈련을 하라. 그것은 마치 풍선처럼 공기가 들어올 때 풍선이 팽창하고 공기가 나갈 때 풍선이 수축하는 것과 같다. 공기를 호흡이라 생각하고 풍선을 횡격막이라고 생각하면 된다. 하루에 10분정도씩 이 훈련을 한다.

그러고 나서 횡격막을 이용해서 소리를 바깥으로 '아'라고 짧게 내 뱉는다. 이러한 발성을 '복식발성'이라고 한다. 이러한 발성연습 역시 하루에 10분정도씩 하라. 한 달 후에는 분명 신뢰감 있는 소리를 지닐 수 있다.

이렇게 해서 신뢰감 있는 소리를 찾았다면 다음은 표정이다. 청중이 볼 때 발표자가 긴장을 하고 있거나 억지스러운 표정을 보인다면 발표자에게 믿음이 떨어지게 된다.

스티브 잡스가 프레젠테이션을 할 때 혹자는 그의 파격적인 의상과 첨단 PPT를 얘기하지만, 난 그의 자연스런 표정에 더 눈길이 갔다. 마치 대화를 하는 듯 편한 표정, 자연스런 느낌 그러한 부분이 신뢰감을 준 것이라 볼 수 있다.

지금 당장 거울을 보라. 거울 속의 내 표정은 어떠한가. 편안한가? 아님 억지스러운가? 거울은 청중이다. 청중 앞에서 내 표정이 어떠한지 예행연습을 하면서 가장 내가 편안한 그리고 자연스런 느낌을 갖도록 연습해 보라.

03
청중을 집중시키는 시선

청중을 집중 시키는 방법은 여러 가지이다. 그중 화술과 제스처가 있다. 화술은 귀를 집중시킬 수 있고 제스처는 시각을 잡아둘 수 있다. 하지만 청중의 마음을 잡아두려면 '시선'이 중요하다.

'눈은 마음의 창'라는 말이 있듯이 청중이 가장 시각적으로 집중을 하는 부분은 발표자의 눈이다. 그렇기 때문에 시선처리는 발표에 있어 매우 커다란 영향력을 가진다고 볼 수 있다.

청중을 쳐다 볼 때는 반드시 눈을 쳐다보아야 한다. 그런데 그냥 빈 눈으로 쳐다보는 것이 아니라 충분한 느낌을 실어서 쳐다 봐야한다.

상품을 잘 파는 사람들의 눈빛을 잘 보라. 그럼 어느 순간 그의 눈빛에 집중이 된다. 해답은 거기에 있다. 왜냐하면 그 사람들은 소비자를 대할 때 진심을 담긴 눈빛으로 쳐다보기 때문이다.

프레젠테이션은 설득이다.

그렇기 때문에 청중에게 진심어린 눈빛으로 대한다면 집중을 할 수 밖에 없게 된다.

여기서의 '진심어린 눈빛'은 과도한 느낌의 눈빛이 아닌 자연스런 느낌의 편안함을 얘기한다. 편안한 눈빛이야 말로 보는 사람들에게 안정감과 신뢰감을 준다.

또한 청중들을 쳐다 볼 때도 일방향적으로 보는 것이 아니라 끊임없이 교감을 해야 한다. 우리가 대화를 할 때 자기 말만 하는 사람에 반감을 느끼는 것처럼 일방향적인 시선은 오히려 부담을 주게 된다. 교감어린 시선이란 '제 얘기는 이런 것입니다. 공감이 되시죠?', '네 이해가 갑니다.'를 눈빛으로 교환하는 시선을 얘기한다.

프레젠테이션에서 말은 언어를 전달하는 역할을 하지만, 비언어적인 표현 즉, 눈빛, 제스처, 표정은 감동을 주는 역할을 하기 때문이다.

청중들에게 언어이상의 감동을 주고 싶은가? 그렇다면 시선과 눈빛 연습을 당장 하라.

스스로가 자연스럽고 편안해질 때 보는 사람도 편안히 받아들일 수 있다.

04 매력적 화법

1. 음의 고저와 빠르기는 생동감과 재미를 더함
2. 음의 강약과 강조는 신뢰감과 감동을 전함
3. 말하는 환경에 따라 적재적소의 화법

발표의 내용을 음식의 재료에 비유한다면, 표현은 곧 음식의 양념에 해당한다.

사람의 오감은 이미 리듬과 템포에 익숙해져 있다. 지구의 자전과 공전, 사계절의 변화 등에서 볼 수 있다시피, 우리는 생활에 리듬이고 그 리듬은 어머니의 뱃속에서부터 느껴온 것이다.

따라서 말에 있어서도 리듬과 템포가 없는 것은 파도 없는 바다와 마찬가지로 지루하기 그지없게 된다.

바로 이 말의 '리듬과 템포'가 화술에 해당한다.

그렇다면 말을 할 때 리듬과 템포는 어떻게 만들어 가는 것일까?

음악을 연상하면 된다. 재밌게 그리고 인상적으로 말하는 사람들의 특징을 들여다보면 인상적인 리듬이 있다. 예컨대 "우리는 행복해야 할 권리가 있습니다. 행복 없는 삶은 마치 의미 없는 삶과 같기 때문입니다"라는 연설을 할 때, 어디서 강조가 되어야 할 지, 그리고 어떤 부분을 세게 말할 것인지, 어떤 말에 높낮이를 둘 것인지를 연습해 나가는 것이다.

즉, 리듬과 템포는 음의 높낮이, 음의 강약, 음의 장단, 음의 빠르고 느리기 등으로 표현될 수 있다.

"사람은 누구나 행복을 추구합니다."라는 말을 갖고 실전 리듬과 템포훈련을 해보자.

먼저 높낮이 훈련이다.

먼저 **A사의 판매현황은 다음과 같습니다.** 라는 말로 리듬템포 훈련을 하자.

A사의 판매현황은 다음과 같습니다.

'A사 판매현황은'을 올린다. 그리고 '다음과 같습니다.'를 내린다. 그리고 '다음과 같습니다.'를 천천히 얘기한다. 그럼 음의 높낮이가 생기면서 자연스레 강조가 될 수 있다.

A사의 판매현황은 다음과 같습니다.

이번에는 '다음과 같습니다.'를 올린다. 그럼 '다음과 같습니다.'부분을 더 주목할 수가 있다.

강약도 마찬가지이다.

마케팅부분에서의 예산낭비가 매출부진으로 이어졌습니다.

'마케팅부분에서의 예산낭비가'를 강하게 얘기한다. '매출부진으로 이어졌습니다.'를 약하게 얘기한다.

그럼 '매출부진으로 이어졌습니다.'라는 말에 임팩트가 실린다.

또 다른 원인으로는 부서간의 소통을 들 수 있습니다.

이번에는 '부서간의 소통'만을 강하게 얘기하고 나머지를 약하게 얘기한다. 그럼 '부서간의 소통'이라는 말이 상대적으로 더 힘이 실리게 된다.

다음은 '빠르기와 느리기' 훈련이다.

다음 분기에서는 20%의 매출향상을 올릴 수 있습니다.
라는 문장을 가지고 연습해보자.

다음 분기에서는⇧20%의 매출향상을 올릴 수 있습니다.⇩

'다음 분기에서는'을 천천히 점점 빠르게 얘기하고 '20%의 매출향상을 올릴 수 있습니다.'를 점점 느리게 얘기한다.

다음 분기에서는⇩20%의 매출향상을 올릴 수 있습니다.⇧

이번에는 반대로 '다음 분기에서는'을 느리게 얘기하고 '20%의 매출향상을 올릴 수 있습니다.'를 빠르게 얘기해 본다.

눈치가 빠른 분은 눈치를 챌 수도 있었겠지만, 반드시 음이 높게 올라가고 빠르게 얘기하고 강하게 얘기한다고 해서 강조가 되는 것은 아니라는 것이다. 즉, 감정을 어디에 싣고 어떻게 느낌을 주느냐에 따라서 오히려 음이 낮게 내려가고 천천히 얘기하고 약하게 얘기하는 부분이 더 강조가 될 수도 있다는 점을 유념하라.

이상으로 A사 판매현황에 대한 프레젠테이션을 마치겠습니다.

이 부분을 얘기함에 있어 '프레젠테이션'을 얘기하고 2초나 3초의 '쉼'을 갖고 다음 문장을 얘기해 보아라.

그럼, 뒤에 문장에 커다란 임팩트가 될 수 있다. 즉 '쉼'은 화술에 있어서 커다란 힘을 발휘한다. 어렸을 때를 생각해 보라. 학생들이 말을 안들을 때 선생님이 처음에는 교탁을 탁탁치다가 큰 소리로 "조용"이라고 외친다. 그래도 말을 안들을 때는 가만히 계신다. 그럼 아이들이 조용해진다. 이것이 바로 '쉼'의 효과다.

화술에서 '쉼'을 적절히 활용할 때 너무나 매력적인 화술을 할 수가 있다. 덧붙여서 얘기하면 먼저 얘기한 강함과 빠름과 높음의 음 대신 약함과 느림과 낮음을 오히려 역발상으로 활용하고 거기에 '쉼'을 적재적소에 활용한다면 당신도 화술의 대가가 될 수 있다는 것이다.

화술의 대가는 오히려 후자 쪽을 많이 선택한다. 왜냐하면 우리의 귀는 익숙한 것보다 신선한 것에 더 자극이 되기 때문이다.

이것이 바로 발표의 대가들이 사용하는 화술의 리듬과 템포의 기술이다.

05 예술적 제스처

소리가 청각을 기쁘게 한다면 제스처는 시각적인 기쁨을 주는 것이다.

아무리 발표의 내용이 좋고, 좋은 소리로 말을 했다하더라도 시각적인 효과를 주느냐 못주느냐에 따라 말의 감칠맛이 더 어우러지기도 하고 효과가 반감되기도 한다.

제스처는 발표자의 말을 손짓과 몸짓을 통해 표현하는 것이다.

이 제스처는 단어에 대한 몸짓, 상황에 대한 몸짓으로 또 나눌 수 있다.

가령, "A사의 판매 전략은 온라인 마케팅입니다."라는 설명을 제스처를 한다면 '온라인 마케팅입니다.'를 표현함에 있어서 두 손을 모아서 강조한다거나, 또는 고개를 한 번 끄덕거리는 것을

'말 제스처'라고 할 수 있다.

이에 반에 몸 제스처는 "예전에 차를 운전했을 때, 사고가 날 번 한 적이 있었습니다."라는 것을 표현할 때 손으로 도로에서 차가 쌩쌩 달리는 모양이라든지, 사고가 날 번 한 장면을 손짓과 몸짓으로 표현하는 것을 '상황에 대한 제스처'라고 할 수 있다.

먼저, 움직임은 기본적으로 직선과 곡선, 정적과 동적인 움직임으로 나눌 수 있다.

직선의 움직임은 평행선, 대각선, 네모 등의 형태로 표현할 수 있다.

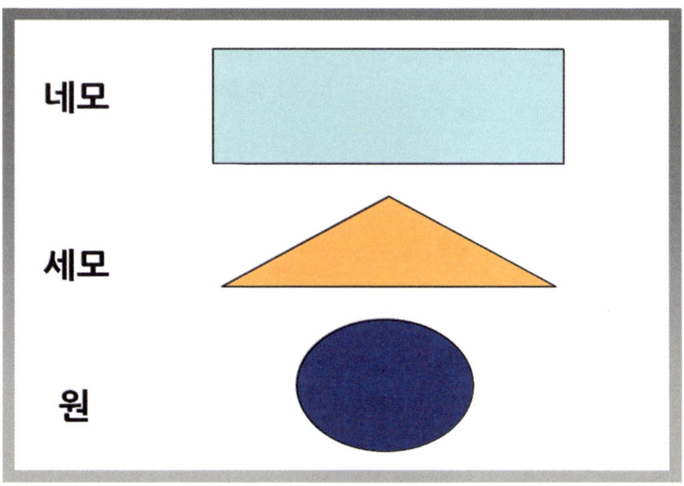

실전연습으로 들어가보자.

먼저 손을 펴서 붙인 후에 네모를 정성껏 그려본다. 이때 주의할 점은 손끝의 움직임이다. 손끝의 움직임에 중점을 두고 가슴에서부터 느낌이 살아 움직여 손끝까지 그 느낌이 세심하게 살아있게끔 움직이는 것이 포인트다.

이번에는 원을 마찬가지로 정성스럽게 그려본다. 최대한 원의 형태를 생각하면서 손끝으로 가장 정확한 원을 그려본다. 이때 최대한 부드러우면서 섬세하게 원을 그려야 한다.

그리고 다음에는 앞에 어떤 사물이든 놓아본다. 예를 들어 가방, 전화기 등의 흔한 물건들을 놓고 똑같이 그려보는 것이다. 그렇게 되면 손의 감각이 키워지게 된다. 그렇게 자꾸 사물을 갖고 똑같이 손으로 그려보면 손의 느낌이 섬세해지는 것을 느끼게 될 것이다.

이때 주의할 점은 수화가 되면 안 된다는 점이다.

모든 것에 대한 설명을 제스처로 한다면 오히려 설명이 조잡해져서 시선이 더 분산되게 마련이다. 특히 국내기업 중 보수적인 기업이나, 공무원 면접 같은 경우는 제스처를 많이 쓰는 것은 오히려 마이너스가 된다. 산만해 보이고, 정신없어 보이기 때문이다.

따라서 강조할 부분, 꼭 필요한 부분을 보다 감칠 맛나게 설명하기 위해 필요한 부분이 제스처라고 말할 수 있다.

이런 제스처를 통해 표현을 더 풍부히 할 수 있음은 아무리 강조해도 지나치지 않는다.

다음은 실제 프레젠테이션을 가지고 제스처를 연습해보자.

이 제품은 (제품을 가리키며) 현대를 살아가는 소비자를 위한 맞춤형 제품입니다. (손가락 올리며) 세 가지 특성이 있습니다. (검지 올리며) 첫 번째 내구성입니다.(손으로 가리키며) 보시다시피 이 제품의 경우 특수 합금으로 만들어졌기 때문에 어떠한 압력에도 견딜 수 있는 장점이 있습니다. 이 제품을 5미터의 높이에서 (손을 떨어뜨리며) 떨어뜨리는 실험에서도 어떠한 품질의 변형도 발생하지 않았습니다.(두 손 올리며) 두 번째는 실용성입니다. 손바닥 반정도의 크기로 (손으로 모양) 소비자들이 휴대하기 편리하게 만들어졌습니다.

Tip 위의 내용을 지문에 표시된 것처럼 따라서 연습을 해보는 것이다. 이때, 거울을 보면서 손끝의 움직임과 어색한 부분을 스스로 점검하면서 반복적으로 연습을 하는 것이 중요하다. 그리고 조금 익숙해졌을 때 자신의 생각대로 제스처를 표현해 보는 것도 좋은 방법이다. 또한, 자신이 준비한 PPT나 다른 발표 자료가 있으면 이러한 방법을 토대로 연습해보자.

06 인상적인 오프닝과 클로징

오프닝

1. 청중과의 힘 싸움에서 평정심
2. 여유와 침착함을 유지
3. 청중의 방어벽을 무너뜨릴 수 있는 나만의 무기(동화, 이화효과)

오프닝은 프레젠테이션의 시작을 알려주는 매우 중요한 부분이다. 프레젠테이션에서 처음 3분 안에 청중을 사로잡지 못한다면 그 프레젠테이션은 결코 성공했다고 말하기 어렵다. 그만큼 처음에 청중에게 강한 인상 또는 청중의 방어벽을 무너뜨릴 수 있어야 한다는 것이다.

발표자가 청중 앞에 서는 순간 기 싸움은 시작된다. 그리고 그러한 보이지 않는 기 싸움에서 앞선 위치에 서려면 발표 자료에 대한 지식과 더불어 철저한 준비가 있어야 한다. 그러한 준비는 발표자를 침착하고 여유 있게 만들기 때문이다.

오프닝에서 중요한 점은 청중의 방어벽을 부드럽게 무너뜨릴 것인지 강하게 무너뜨릴 것인지에 대한 부분이다.

여기서의 동화효과란 청중의 공감대를 살 수 있는 내용으로써 풀어가는 것이다. 가령, 직장인을 상대로 PT를 했을 때는 직장 드라마나 요즘의 직장 현실에 대한 부분을 말함으로써 청중의 공감대를 사는 것이다. 공감대가 형성이 되면, 그때부터는 청중은 내 편이 될 수 있다. 따라서 청중에 대한 철저한 분석이 되었을 때 공감대를 형성할 수 있는 오프닝을 할 수 있고 그러한 오프닝은 청중의 방어벽을 자연스럽게 무너뜨리는 데 도움이 될 수 있다.

이에 반면, 이화효과는 청중을 낯설게 하는 것이다. 가령, 학생들을 대상으로 '공부'에 대한 PT를 함에 있어서 시작을 "공부를 잘하기 위해서는 치열하게 준비를 해야 합니다."라는 말이 아니라, "공부를 잘하기 위해서는 공부를 하면 안 됩니다."라는 강력한 모순점이나 이율배반적인 멘트를 구사하는 것이다. 그랬을 때 청중은 발표자의 말에 낯설어지고 강력한 관심을 기울이게 된다.

클로징

1. **발표의 깔끔한 정리**
2. **유연한 질의 응답**
3. **청중에게 인상을 심어주는 마무리**

클로징은 청중에게 인상을 심어주는 것이다. 아무리 준비를 잘하고 발표를 잘 진행했더라도 청중에게 PT가 각인이 되지 않았다면 그 PT는 성공적이라 할 수 없다. 따라서 클로징을 할 때는 질의응답을 통해서 발표를 했던 것을 한 번 더 각인하게 만들거나 마무리 멘트를 통해서 발표의 핵심을 한 번 더 정리해 주는 것이 중요하다.

07 다양한 프레젠테이션 방법

프레젠테이션은 PPT와 발표자의 중요도에 따라 PPT프레젠테이션과 발표자 프레젠테이션으로 나눌 수 있고, 내용에 따라 정보 프레젠테이션과 판촉 프레젠테이션으로 나눌 수 있다. 여기서는 각각의 프레젠테이션을 효과적으로 준비하고 발표하는 방법에 대해 구체적으로 논의해보자.

A. PPT 프레젠테이션

PPT 프레젠테이션은 말 그대로 PPT가 중심인 프레젠테이션이다. 따라서 청중들이 발표자 보다는 PPT에 집중할 수 있도록 PPT를 구성하는 것이 중요하다.

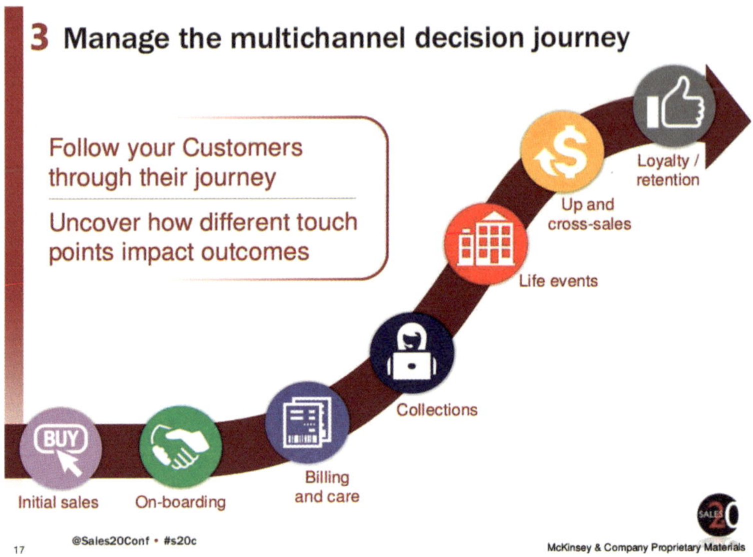

위의 PPT는 여행에 대한 것을 바탕으로 소비자의 성향을 설명하는 PPT 내용이다.

소비자의 성향과 분석에 대해 인포그래픽 이미지로 나열식 설명을 하고 있다.

여행에 대한 부분을 인포그래픽 다이어그램으로 정렬한 후 S자 형태의 띠로 연결함으로써 통일성과 재미를 주고 있다. 사선이나 직선의 느낌보다 유려한 느낌을 살려서 부드러움과 현대적인 감각이 돋보인다. 전체적인 색의 중심은 빨강이고 그 빨강을 토대로 품목마다 그 특징에 맞는 색깔을 배열해서 통일성과 개성을 동시에 살리고 있다.

PPT를 가지고 설명을 할 때는 발표자가 단순히 PPT를 읽는 것에 그치는 것이 아니라 청중들에게 그 의미를 상세히 설명하는 것이 좋다. 또한, 동영상이나 이미지를 활용해서 설명을 하면 보다 입체적이고 구체적으로 설명할 수 있다.

PPT 위주의 발표에서 유의할 점은 발표자가 너무 PPT에 의존할 수 있다는 점이다. 물론 때에 따라서 PPT가 많은 차지를 할 수도 있지만, 자칫 발표자가 PPT에만 치중할 수 있어서 청중들과 교감을 하는 부분에 있어 소원해질 수도 있다.

그렇기 때문에 청중들과의 교감을 어떻게 할지를 고민하면서 PPT를 만드는 것이 중요한 부분임을 유념해야 한다.

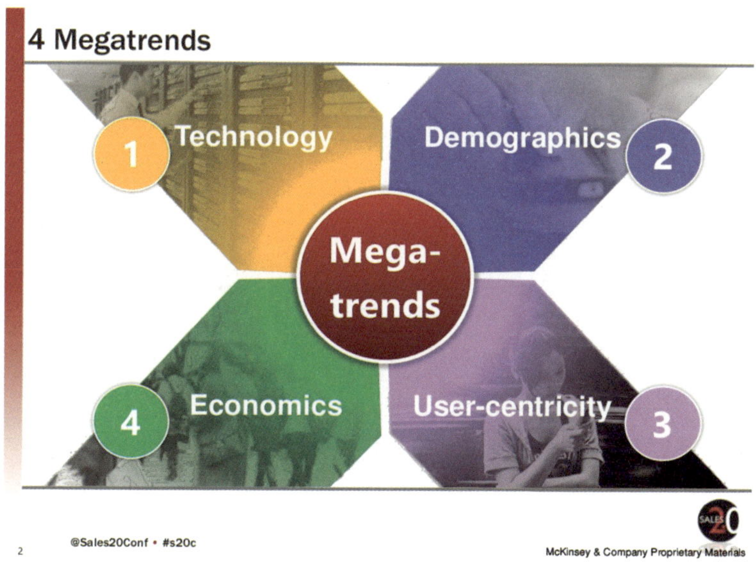

위의 디자인은 회사의 업무와 종류에 대해서 설명하고 있는 PPT이다.

회사와 브랜드에 대한 파생 업무를 PPT를 통해 상세하게 설명하고 있다.

색채감을 통해서 업무에 대한 색깔을 구체적으로 보여주고 있다. 또한, 회사에 대한 부분을 원형 다이어그램을 통해 중심을 잡고 나머지 부분을 방사형의 구도로 구성한 것도 인상적이다. 화면 왼쪽에 빨간색으로 포인트를 줘서 세련미를 더한 것도 심플한 구성에 재미를 줄 수 있는 좋은 디자인이라 할 수 있다. 이때 발표자는 회사의 업무에 대해 청중들에게 구체적인 예시와 비교로써 정확한 설명을 하는 것이 중요하다.

위의 내용은 도표를 통한 PPT이다.

시장 상황과 매출에 대한 것을 도표로 설명함으로써 보는 이로 하여금 이해를 돕고 있다. 그리고 이러한 도표로써 통계자료를 보여줌에 있어서 신뢰성을 높이기 위해 자료의 출처나 정확한 숫자로써 청중들에게 설득력을 높이는 것이 중요하다.

이처럼 PPT 프레젠테이션은 발표자보다 PPT 내용에 중심을 둘 수 있도록 PPT에 충실하게 구성하는 것이 중요하다.

여기서 말하는 PPT에 충실하다는 의미는 '발표자가 기획한 키워드와 스토리를 얼마나 적합하게 PPT에 담았느냐'는 것이다.

따라서 디자인 계획 단계부터 최종 단계까지 끊임없이 고민하고 수정하는 것이 더욱 완성형의 PPT 프레젠테이션을 구성하는 현명한 방법이다.

B. 발표자 프레젠테이션

발표자 프레젠테이션은 PPT 프레젠테이션과는 반대로 발표자에게 초점을 맞추도록 하는 것이다.

강의를 비롯한 교육이나 발표자가 돋보여야 할 때 주로 활용하는 형태의 프레젠테이션이라고 할 수 있다.

그렇기 때문에 가급적이면 PPT를 심플하고 간소하게 만드는 것이 좋다. PPT에 디자인이나 내용에 지나치게 투자를 하게 되면 발표자보다 PPT에 집중할 수밖에 없기 때문에 발표자에게 청중의 시선이 꽂힐 수 있도록 유념해야 한다.

- **유머는 소통을 위한 즐거운 수단**
- **행복한가는 자기 마음에 있다**
- **꿈은 이룰 수 있기에 아름답다**

위의 프레젠테이션은 '유머'와 '행복' 그리고 '꿈'이라는 키워드로 자신의 소개를 하고 있다.

PPT가 단순하기 때문에 오히려 발표자에게 집중을 할 수 있다.

- **유머는 소통을 위한 즐거운 수단**
- **행복한가는 자기 마음에 있다**
- **꿈은 이룰 수 있기에 아름답다**

아까의 내용에 빨간 줄을 표시해서 강조를 할 수 있다. 이때는 제스처와 말의 고저와 강약으로 강조를 하면 효과가 배가 된다.

Tip 이처럼 발표자 프레젠테이션은 발표자의 음성, 눈빛, 표정, 제스처가 너무나 중요한 부분이 되므로 PPT는 간결하게 구성하는 것이 무엇보다 중요한 일이다. 발표자 중심의 프레젠테이션은 발표자의 이성적 감성적 설득이 매우 중요한 역할을 하기 때문에 청중의 마음을 침투할 수 있도록 시선부터 제스처까지 하나하나의 과정에 심혈을 기울여야 한다. 또한 흡인력 있는 감정표현, 화술이 될 수 있도록 리듬과 템포부분에서 각별히 신경을 써야 한다.

C. 정보 프레젠테이션

정보 프레젠테이션은 말 그대로 정보를 전달하는 프레젠테이션이다. 주로 소개를 하거나 정보에 대한 설명을 할 때 많이 쓰이는 유형이다.

따라서 정보 프레젠테이션은 정확한 정보의 전달과 더불어 사실적인 자료를 바탕으로 청중들에게 자신이 말하고자 하는 바를 설득시키는 것이 중요하다.

가령, '복지'에 대한 설명을 할 때 보편적 복지와 선별적 정의의 설명 그리고 보편적, 선별적 복지의 장, 단점 마지막으로 선진국형 복지시스템을 나눠서 정보를 전달하는 것이다.

STEP 1 · 보편적 복지와 선별적 복지의 정의

STEP 2 · 보편적, 선별적 복지의 장,단점

STEP 3 · 미래의 복지, 선진국형 복지시스템

위의 내용은 미래형 복지에 대한 개요다. 먼저 '보편적 복지'와 '선별적 복지'의 정의 그리고 각각의 복지에 대한 장, 단점. 마지막으로 선진국 복지시스템에 대한 방법을 제시함으로써 미래형 복지를 설명하고 있다.

보편적 복지

'누구 하나 복지에서 제외되는 사람이 없도록 하자' 라는 평등주의 복지 시스템

선별적 복지

'하위 계층을 우선적으로 도와주자' 라는 효율적인 복지시스템

먼저 보편적 복지와 선별적 복지에 대한 정의를 내리고 있다. 청중들이 정확히 이해할 수 있도록 구체적으로 설명을 하는 것이 중요하다.

위의 내용들은 '보편적 복지'와 '선별적 복지'에 대한 비교를 통해 복지시스템에 대한 정보를 제공해 주고 있다. 그래서 청중들이 각각의 복지에 대한 장, 단점을 확연히 구별할 수 있도록 설명해야 한다.

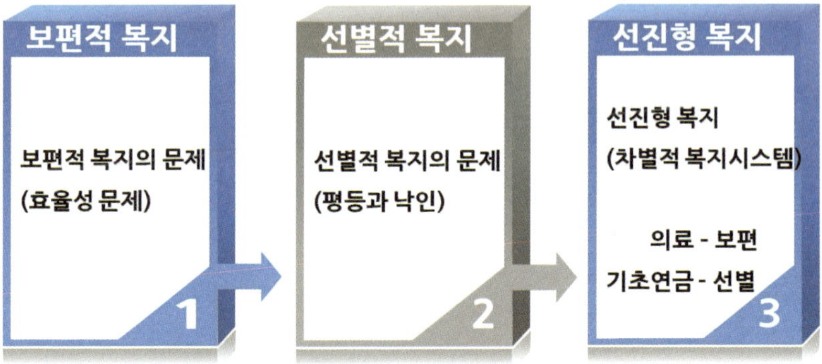

마지막으로 선진국 복지시스템에 대한 정보를 제공해서 미래형 복지시스템에 대한 해결책 및 방법에 대해 제시를 하고 있다.

이처럼 정보 프레젠테이션은 청중들에게 어떠한 정보에 대한 이해와 분석 그리고 설명을 정확히 전달하는 것이 무엇보다 중요하다.

하지만 너무 많은 정보를 전달하고자 노력하거나, 정보가 잡다하면 청중들이 산만해지기 쉽기 때문에 최대한 축소를 해서 핵심을 신선한 방식으로 그리고 진정성 있는 표현으로 말하고자 하는 것이 중요하다.

그렇지 않으면, 청중들이 프레젠테이션이 끝났을 때 '과연 무엇을 얘기한 거지?'라고 착각을 할 수가 있다.

회의나 보고를 할 때는 조금 다른 시각에서 접근해야 한다.

Tip 회의에서 가장 중요한 부분은 시간 내에서 얼마나 신뢰할 수 있는 정보를 정확하게 전달하느냐이다. 회의 프레젠테이션을 할 때 먼저 신경 써야 할 부분은 얼마나 PPT가 신뢰할 수 있는 정보를 담고 있느냐이다. 그렇기 때문에 분명한 출처와 정확한 숫자를 기입하는 것이 중요하다.

하나의 예를 들어보자.

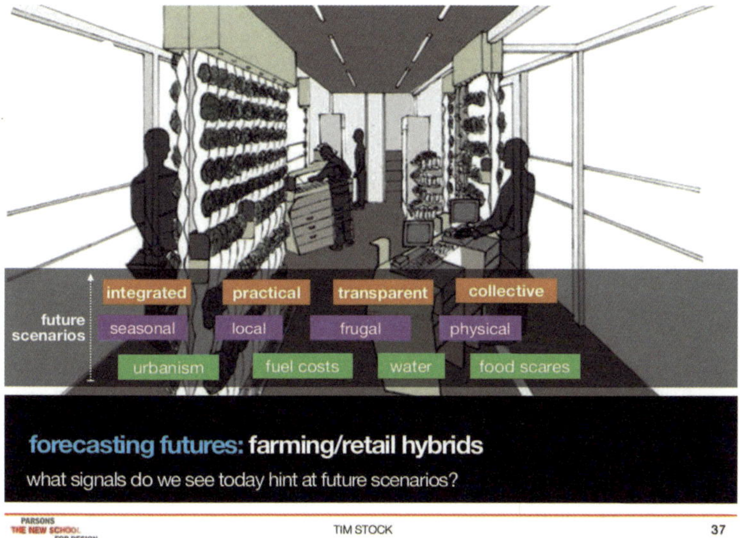

위의 PPT는 가상 소비에 대한 시장분석 슬라이드 부분 중의 하나이다. 가장 중요한 핵심 문구는 '가상 분석'이기 때문에 가운데 자리에 배치했고 전체적인 배경을 이미지로써 입체적으로 설명하고 있다. 또한, 핵심적인 내용에 대해서는 가독성을 높이기 위해서 색상을 통해 강조하고 있다. 위의 PPT를 설명함에 있어서 가장 중요한 것은 객관적인 자료와 통계이다. 시장 분석을 함에 있어서 얼마나 그 분석이 객관적이고 신뢰할 수 있는 자료냐가 중요하다. 위의 PPT는 가상 시나리오지만 그 가상시나리오를 보여줌에 있어서 정확한 분석력과 통계가 부족하다면 청중들에 대한 설득력은 떨어질 수밖에 없다.

그러한 PPT자료를 바탕으로 발표를 할 때도 PPT를 보면서 중요한 부분에 대해 포인터나 제스처로 강조를 하면서 발표를 해야 한다.

그렇지 않으면 어떤 부분을 장조하는지가 불명확하기 때문에 청중들이 지루해할 수밖에 없다. 아무리 PPT가 깔끔하고 잘 만들어졌다고 해도 발표를 하는 사람의 설득력이 떨어지면 그 프레젠테이션은 실패했다고 할 수밖에 없다.

D. 판촉 프레젠테이션

판촉 프레젠테이션은 청중들에게 상품이나 수요의 장점과 특징을 설득력 있게 전달해서 판매나 구매를 유발하는 프레젠테이션이다.

따라서 프레젠테이션을 구성할 때는 판촉을 유발할 수 있는 스토리텔링과 더불어 정확한 데이터 분석을 통해 청중들에게 판촉을 호소하는 것이 중요하다.

판촉 프레젠테이션은 현황, 문제점, 해결책을 통해 PPT를 구성하는 방식이 있고 특징 및 장점을 열거하는 방식도 있다. 어찌 됐건 판매를 촉구하는 프레젠테이션이니 만큼 실질적이고도 분명한 특징과 해결책을 통해 판매를 유발할 수 있는 PPT를 만드는 것이 중요하다.

또한, 청중들이 신뢰를 할 수 있도록 사실적 근거를 가지고 얘기하며 논리적 근거를 통해 보여주는 것이 무엇보다 선행되어야 한다.

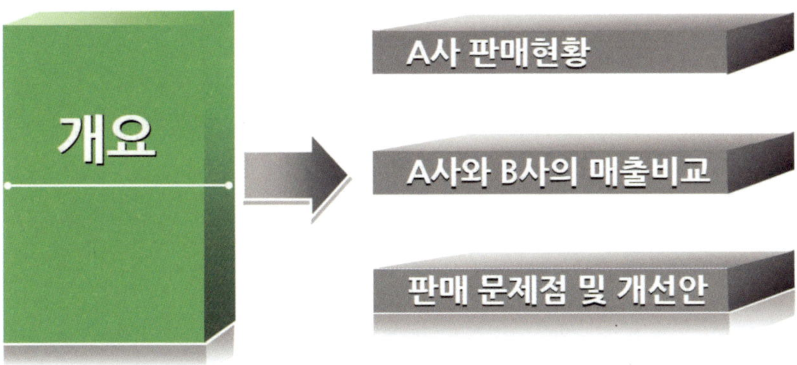

위의 개요는 대표적인 판촉 프레젠테이션의 유형이다. 먼저 판매현황을 보여주고 경쟁사에 대한 매출을 비교하며 문제점 및 해결책을 나타내고 있다.

또는, 왜 A사의 상품을 구매해야 하는지에 대한 장점과 특징을 열거하는 방식도 있다.

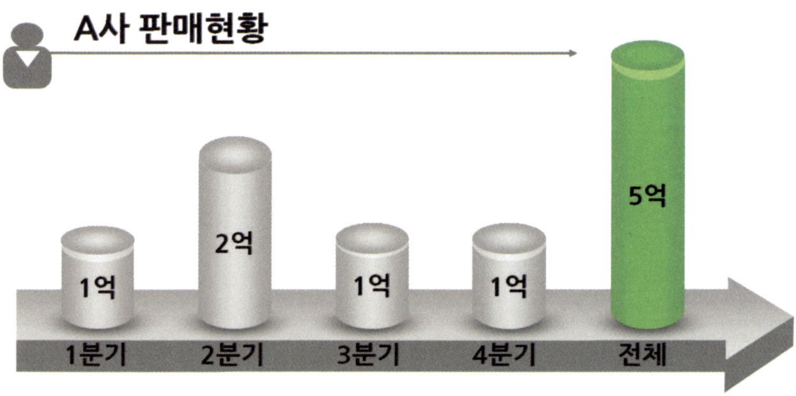

먼저 A사의 판매현황을 보여준다. 사실적인 데이터를 통해 분기별로 매출액이 어떻게 되는 지를 도표로 나타내고 있다.

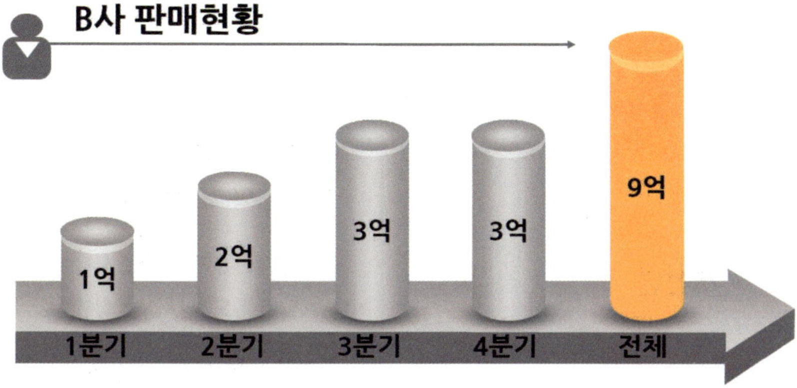

다음은 B사에 대한 판매현황을 나타내고 있다. A사와 B사의 판매 비교를 통해 A사 판매의 부진과 원인 그리고 해결책을 제시하고 있는 전형적인 판촉 PPT이다.

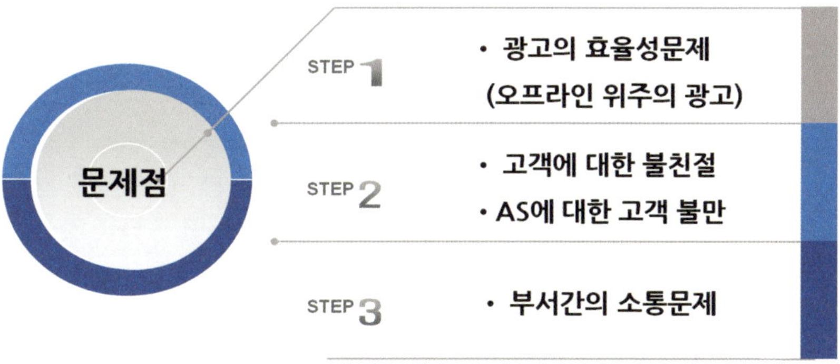

위의 내용은 A사 판매부진의 원인분석을 나타내고 있다. 광고의 효율성과 고객불만, 소통문제를 날카롭게 분석하여 판매부진

에 대한 문제점을 얘기하고 있다.

다음은 문제점과 개선안에 대한 원인과 분석을 통해서 A사 제품에 대한 판촉을 향상하려 하고 있다.

Tip 판촉 프레젠테이션은 판매를 촉구하기 위한 프레젠테이션으로 청중들 또는 구매자에게 정확한 데이터 분석 및 실질적인 솔루션을 제공하는 것이 중요하다. 그리하여 청중들에게 판촉을 유발할 수 있는 욕구를 충족시켜야 한다. 그렇기 위해서는 기획 단계부터 레이아웃, 문구 등에 있어서 정확한 자료와 더불어 청중의 이목을 끌 수 있도록 신중에 신중을 기해야 한다. 특히, 스토리텔링을 구성하는데 있어서도 구매자나 청중의 귀를 솔깃하게 만들 수 있는 문제제기 형 스토리텔링이나 주위환기 형 스토리텔링 방식이 좋다. 또한, 오프닝에 있어서 먼저 청중의 공감대를 형성할 것인지 아니면, 청중을 낯설게 해서 충격을 줄 것인지를 철저히 계산하는 것이 중요하다.

이처럼 프레젠테이션은 구성 방식과 용도에 따라 다양하게 나뉠 수가 있다. 하지만 중요한 점은 청중들에게 어떻게 하면 구체적이고도 분명하게 설득을 할 수 있는지를 고민해야 한다는 것이다.

그러한 치열한 고민과 분석은 PPT의 내용과 디자인 그리고 발표자의 능력과 더불어 프레젠테이션을 예술적으로 승화할 수 있는 토대가 될 수 있다.

08
감동적인 프레젠테이션

방법

1. 전달하고자 하는 핵심
2. 효과적인 PPT디자인에 대한 고민
3. 매력적인 화술과 제스처
4. 발표자의 진정성과 노력

감동적인 프레젠테이션?

스티브잡스

a. 간결한 핵심
b. 깔끔한 디자인
c. 자연스런 화술

김연아

a. 드라마틱한 내용
b. 진정성 있는 화술
c. 생동감 있는 제스처

감동적인 프레젠테이션의 대표적인 사례로 '스티브 잡스'와 '김연아'의 프레젠테이션을 들 수 있다.

스티브 잡스의 프레젠테이션의 특징은 세 가지로 요약할 수 있다.

분명한 핵심이야기, 깔끔한 디자인, 자연스러운 화법과 제스처이다.

일단 핵심이 분명하다. 제품이 왜 출시되었고 어떠한 강점이 있고 어떤 차별점이 있는지를 분명히 얘기했다. 또한, 스토리텔링에 맞게 핵심을 최대한 부각할 수 있는 깔끔한 디자인이 눈에 띈다. 특히 청색계통의 색상과 3D 느낌의 이미지가 세련미를 더했다. 마지막으로 그의 화법과 제스처다. 스티브 잡스의 프레젠테이션은 마치 1:1로 대화하듯 자연스런 동작과 유머 그리고 편안한 제스처로 청중으로 하여금 편안한 신뢰감을 느끼게 해 주었다.

반면 김연아의 프레젠테이션은 드라마틱한 구성과 이야기, 화법과 제스처로 요약할 수 있다.

김연아의 경우는 '왜 올림픽을 평창에서 개최해야 당위성'에 대해 자신의 소개와 동계올림픽을 위한 한국인의 열정 그리고 평창올림픽을 위해 얼마나 준비를 했는지를 서론, 본론, 결론의 구성으로 드라마틱하게 구성했다.

김연아 프레젠테이션을 한편의 드라마 같다고 한 이유는 마치 드라마를 보는 것처럼 이야기에 기-승-전-결이 있고 클라이맥스에서의 평창올림픽을 위한 진정성 있는 노력을 부각시켜서 청중들에게 감동을 심어주었기 때문이다.

또한, 거기에 맞게 때로는 미소를 띠며 때로는 열정 가득한 눈빛으로 인상적인 제스처와 더불어 강약을 조절해가며 설득을 했다.

이처럼 감동적인 프레젠테이션은 청중의 예상을 뛰어넘는 진정성 있는 노력이 수반되어야 한다. 누구나 하는 것처럼 누구나 했던 것 같은 프레젠테이션은 시간 낭비다. 만약 지금 프레젠테이션을 준비한다면 치열하게 고민하고 계획하고 준비하고 연습하라.

프레젠테이션은 기획 단계부터 발표 단계까지 하나의 퍼포먼스이자 공연이라고 생각해야 한다.

그래서 무슨 주제를 가지고 청중에게 어떻게 전달할지를 하나하나 고민해야 한다. 일단 기획단계에서 발표 주제를 선정했다면 그 주제를 효과적으로 보여줄 수 있는 최적화된 디자인을 생각해서 PPT를 만들고 나머지는 얼마나 효과적으로 전달할 수 있는지에 대한 발표 연습을 해야 한다.

그리고 과연 스토리가 진정성이 있는지 또한 디자인은 스토리에 적합한지 표현이 진부하지는 않은지를 꼼꼼히 살펴보아야 한다.

'현인처럼 생각하고 범인처럼 말하라.'라는 말처럼 프레젠테이션의 고수들은 간결한 핵심으로 청중의 마음을 파고든다.

치열하게 계획한 것을 최대한 간략하게 설명할수록 청중들을 설득할 수 있다. 그리고 하나의 프레젠테이션이라는 퍼포먼스에 대한 기획에서 발표에 이르기까지의 치열한 열정, 그러한 진정성 있는 노력이야말로 감동적인 프레젠테이션의 열쇠이다.

Part 5.

프레젠테이션 부록

01 목차의 중요성

PPT를 처음에 기획하고 구성할 때 목차는 물줄기로 따지면 방향과 목적으로 비유할 수 있다. PPT에서 가장 중요한 '무엇을 말할 것인지' 즉, 핵심을 정확히 잡았다면 그다음은 그 핵심의 방향을 이끌 수 있는 목차를 구성하는 것이다.

목차를 구성할 때는 핵심에 어울리도록 일관성과 축약성을 가지고 구성해야 한다. 즉, 목차만 봤을 때 이 프레젠테이션의 내용이 어떠한지를 파악할 수 있도록 로드맵의 역할을 충분히 해야 한다. 어떤 이의 프레젠테이션을 보면 목차가 반복적으로 쓰여 있거나 내용과는 상관없는 목차가 있는 경우도 있다. 그런 경우에는 오히려 목차가 프레젠테이션을 방해할 수 있기 때문에 목차의 선정과 구성에 있어서도 심혈을 기울여야 한다.

또한, 목차의 내용을 보여줄 때는 인상적인 문구나 내용이어야 한다. 진부한 표현이나 구태의연한 내용은 오히려 집중을 떨어뜨릴 수 있기 때문에 문구의 작성에 있어서도 많은 고려를 하는 것이 좋다.

가령, 문제의 원인, 현황, 해결책 이렇게 단순히 표현할 때가 더 좋을 수도 있지만, 프레젠테이션의 대상과 목적에 따라 때로는 유연하게 때로는 인상적으로 목차를 표현하는 것도 좋은 방법이라는 것이다.

02 서체와 이미지의 활용

명조체와 고딕체, 볼드체 등 수없이 많은 글씨체가 있다. 하지만 요새는 저작권이 중요한 문제이니만큼 상업적으로 쓰일 때는 저작권에 걸리는지 아닌지를 잘 파악해야 한다. 요새는 학파라치, 법파라치 등 저작권을 감시하고 저작권에 위배되는 이미지나 서체만을 감시하는 곳도 많다.

물론 저작권이 중요하고 권리를 보호하는 기능을 하기도 하지만, 때로는 창작의 자유를 방해하고 점점 치졸하게 법을 이용하거나 악용하는 법 파라치를 양산하고 있어 안타까울 따름이다.

이미지를 활용할 때는 자신의 이미지나 자신이 찍은 사진을 활용하는 것이 가장 좋다. 그래야 저작권의 감시에서 자유로울 수 있다.

하지만 그런 여건이 되지 않을 경우에는 저작권에서 자유로운 무료 사이트에서 이미지를 추출해 와야 한다. 이때, 주의할 점은 이미지를 퍼 갈 수는 있지만 상업적으로는 사용할 수 없는 곳도 있다는 것이다.

서체 역시 마찬가지이다. 한글 상상체, 나눔 글꼴, 문화체육부 개발 글자체, 서울서체, 제주서체, 은 글꼴 , 백묵 글꼴 등이 대표적인 무료서체이다.

프레젠테이션을 할 때 상업적인 용도로 쓰이지 않을 때는 일반 서체를 활용해도 무방하지만 그것이 상업적인 용도일 때는 저작권을 침해할 수 있기 때문에 무료서체를 쓰는 것이 마음 편할 수 있다.

03 유인물을 어떻게 활용해야 하는가?

유인물을 처음에 나눠줄 것인가? 아니면 나중에 나눠줄 것인가?

그것은 취지와 내용에 따라 다를 수 있다. 하지만 개인적으로 유인물을 처음에 나눠주게 되면 발표자의 프레젠테이션에 집중하는 것이 아니라 유인물에 집중하는 경우가 많기 때문에 그러한 점은 유념하는 것이 좋다.

또한, 유인물에 어느 정도의 내용을 실을 것인지도 생각해야 한다.

핵심적인 내용만을 실을 것인지 아니면 자세히 내용을 담을 것인지도 충분히 고려해야 한다. 만약 판촉을 위한 프레젠테이션이라면 어느 정도의 내용은 다룰 필요가 있다. 하지만 그 역시 산만하거나 지루하지 않도록 핵심을 강조해서 얘기해야 한다. 즉, 최대한 불필요한 내용이 없는지 그리고 청중들이 읽기에 지루한 부분이 없는지를 꼼꼼히 체크해야 한다.

지금은 워낙 핵심을 중요시 여기기 때문에 꼭 전달하고자 하는 내용을 인상적으로 표현하는 것이 훨씬 효과적이다. 글로 가득 채워 있거나 아니면 산만한 내용을 담은 유인물은 안 하니만 못하다. 따라서 유인물을 만들 때도 꼭 담겨야 하는 내용을 이미지와 색깔 그리고 글씨체를 활용해서 가독성과 강조를 할 수 있는 유인물을 만들어야 한다.

04 발표 당일 해야 할 것

노트북을 사용할 수 있는지, USB를 지참해야 하는지 빔 프로젝트인지 아니면 LCD인지 조명은 밝은지 강당이 넓은지 마이크 작동은 잘되는지를 꼼꼼히 살펴보아야 한다. 실제로 발표 당일에 갔더니 생각했던 음향상태가 아니어서 또는 마이크가 제대로 작동되지 않아서 애를 먹는 경우가 많다.

또는, 인터넷이 되지 않아서 동영상 링크가 열리지 않아서 난감했던 경우도 있었다. 따라서 사전에 관계자와 통화를 통해 그러한 부분을 미리 점검하거나 또는, 직접 찾아가서 실제로 점검하는 것이 좋다.

빔 프로젝트의 경우 요새는 신기술이 많이 나와서 형광등 상태에서도 잘 보이는 경우가 많지만, 때로는 시야를 가리는 경우가 많기 때문에 그러한 부분 역시 철저히 점검해야 한다. 그런 빔 프로젝트의 환경일 때는 불을 끄고 진행을 한 다음 청중을 참여시킬 때는 맨 나중에 불을 켜고 참여시키는 것이 좋다. LCD의 경우에는 빔 프로젝트에 비해 가독성이 더 좋기 때문에 불을 켜 놓고도 시야가 확보되는 경우가 많다.

하지만 화면 자체가 빔 프로젝트에 비해서 작은 경우가 많기 때문에 그러한 점 역시 고려하는 것이 중요하다. 가끔 시간에 촉박해서 프레젠테이션을 하는 발표자들이 있다. 그러한 경우에 심리적으로 쫒기다보니 제대로 된 프레젠테이션을 하지 못하거나 실수를 범할 가능성이 높아진다. 아무리 PPT를 잘 만들고 프레젠테이션을 수없이 연습했다 하더라도 발표 당일 실수를 범하면 그동안의 노력이 물거품이 되고 만다.

따라서 적어도 30분 전에는 장소에 도착해서 음향 상태와 조명 그리고 PPT를 마지막으로 점검하고 동선을 최종적으로 점검하는 것이 최상의 프레젠테이션을 위한 최선의 방법이다.

1. SNA 온라인강의 특징

STEP 1
- PPT를 통해 교육생의 이해를 돕는 세심한 강의

STEP 2
- 강사위주의 일방적 강의가 아닌 교육생 중심의 1:1 소통 강의

STEP 3
- 연기와 스피치의 기초부터 실전에 이르기까지의 체계적 교육과정

STEP 4
- 최적화된 온라인 교육환경 (HD 시스템, 스마트 폰 지원)

2. SNA 오프라인 교육특징

연기 교육	스피치 교육	특강 교육	기업체 강의
입시생, 오디션, 기획사 소속배우 1:1레슨	자신감, 발음 교정, 면접, 프레젠테이션 , 선거, 논술, 스피치 1:1레슨	연기-화술, 제스처 감정, 면접, 합격비법 스피치-보이스 코칭 면접, 프레젠테이션	연기-실전연기 연기심리치료 스피치-실전면접 실전 프레젠테이션 소통방법, 설득기술